NISAMI

zum

880. Geburtstag

Autorin

Sewil Fuchs, 1956 in Baku/Aserbaidschan geboren. Studium der Fremd-
sprachenpädagogik an der Sprachenuniversität Baku. Freiberufliche
Übersetzerin für Deutsch/Russisch sowie Sprachdozentin. Forschungs-
schwerpunkte: Nisami-Rezeption in deutscher Sprache (1787–2021),
Friedrich Bodenstedt und Mirsa Schafi Waseh.

NISAMI
in
VERSEN und PROSA

1798–2021

Zusammengestellt und herausgegeben

von

Sewil Fuchs

 tredition®

tredition®

© 2021 Sewil Fuchs

Umschlagbild: Nisami-Denkmal in Gändschä (1946)
Bildhauer: Fuad Abdurachmanow (1917–1971)
Foto: Sewil Fuchs (2009)

Verlag & Druck:
tredition GmbH, Halenreie 40-44, 22359 Hamburg

ISBN
Paperback:	978-3-347-37830-8
Hardcover:	978-3-347-37831-5
e-Book:	978-3-347-37832-2

Bibliografische Information der Deutschen Nationalbibliothek:
Die Deutsche Nationalbibliothek verzeichnet diese Publikation
in der Deutschen Nationalbibliografie; detaillierte bibliografische
Daten sind im Internet über https://portal.dnb.de abrufbar.

Inhaltsverzeichnis

Vorwort

Wunderlichstes Buch der Bücher
Ist das Buch der Liebe;
Aufmerksam hab' ich's gelesen:
Wenig Blätter Freuden,
Ganze Hefte Leiden,
Einen Abschnitt macht die Trennung.
Wiedersehn! ein klein Capitel
Fragmentarisch. Bände Kummers
Mit Erklärungen verlängert,
Endlos ohne Maas.
O! Nisami! – doch am Ende
Hast den rechten Weg gefunden;
Unauflösliches wer löst es?
Liebende sich wieder findend.

Als „wunderlichstes Buch der Bücher" bezeichnete Goethe Nisamis Dichtung 1819 in seinem *West-östlichen Divan* und schrieb: „... so wäre jetzt eine prosaische Übersetzung des Schahname und der Werke des Nisami immer noch am Platz. Man benutzte sie zur überhineilenden, den Hauptsinn aufschließenden Lectür, wir erfreuten uns am Geschichtlichen, Fabelhaften, Ethischen im Allgemeinen und vertrauten uns immer näher mit den Gesinnungen und Denkweisen, bis wir uns endlich damit völlig verbrüdern könnten".

140 Jahre später vermerkte der schweizerische Orientalist Rudolf Gelpke über den Dichter und Denker des 12. Jahrhunderts: „In seinen großen Versromanen, die in Europa zu Unrecht noch kaum bekannt sind, gestaltet er mit höchster Sprachkunst und psychologischer Meisterschaft Stoffe aus der persischen und arabischen Sagenwelt."

Doch wie bekannt ist Nisami Gändschäwi (1141–1209), der Klassiker der persischsprachigen Literatur, heute im deutschen Sprachraum? Diese Frage war für die Verfasserin vorliegender Arbeit der Anlass zu Nachforschungen, deren Ergebnis die folgende Sammlung ist. In dieser Anthologie wird erstmals die deutschsprachige Rezeption der Werke Nisamis vom Ende des 18. Jahrhunderts bis zur Gegenwart präsentiert.

Poetische und prosaische Übersetzungen bilden den ersten Teil, die nachfolgenden Teile enthalten Zitate und Essays.

Alle Beiträge sind chronologisch gegliedert und in der Originalschreibweise angegeben. Im Autoren- und Schriftenverzeichnis finden sich die Lebensdaten der zitierten Autoren und die bibliographischen Angaben der abgedruckten Texte.

Möge das poetische Erbe des Dichters und Denkers aus Aserbaidschan viele Leser genauso inspirieren, wie es im Morgenland seit mehr als 800 und im Abendland bereits seit über 200 Jahren der Fall ist.

Sewil Fuchs, im August 2021

I. ÜBERSETZUNGEN (1798-2021)

Joseph von Hammer-Purgstall

Die Trennung

Ferhad an Schirin

> Die Trennungsstunde hat geschlagen;
> Mit Seufzern und mit lauten Klagen
> > Gedenk ich Dein.
> S c h i r i n, darf es Ferhad wohl wagen,
> Mit Liebesflehen Dir zu sagen:
> > Gedenke mein!
>
> O ja! Er darf es ohne Scheuen;
> Er darf sich ja des Himmels freuen,
> > Geliebt zu seyn.
> Darum, Du Schöne, Honigsüße!
> Du Spenderin der Huri'sküsse:
> > Gedenke mein!
>
> Gedenke mein in Augenblicken,
> Wo Dich Natur und Kunst entzücken,
> > Mit ihren Weih'n!
> Wenn Ideale vor Dir stehen,

Und Deine Würdigung erflehen,
    Gedenke mein!

Wenn sich des Morgens Thore röthen,
Wenn Abends Nachtigallen flöten,
    Im Mondenschein;
Wenn Geister durch die Flieder rauschen,
Wenn alle Sfären funkelnd lauschen,
    Gedenke mein!

Und findest Du bald durch Vergleichen;
Daß Tausende mich überreichen,
    An That und Schein;
Wird dann Dein Tadel mir beschieden,
So schelte mich! – ich bins zufrieden:
    Nur denke mein!

Wenns Dir gefällt mit Deinen Küssen
Das Leben Andrer zu versüßen
    Im Herzverein:
Umschlossen selbst von fremden Armen,
S c h i r i n ! S c h i r i n ! – nur aus Erbarmen
    Gedenke mein!

Wenn aber nach des Schicksals Willen,
Ich bald entschlafen bin im stillen
    Cypressenhain;
Dann kannst nur Du ein a n d e r s Leben
Mir durch Erinn'rung wiedergeben;
    Gedenke mein!

Die Trennungsstunde hat geschlagen;
Mit Seufzern und mit lauten Klagen
     Gedenk' ich Dein.
O ja, S c h i r i n ! Ferhad darfs wagen
Mit Zuversicht sich selbst zu sagen:
     Sie denket mein!

Schirin an Ferhad

Die Trennungsstunde hat getönt,
Von Dir mit Seufzern ausgestöhnt,
     So wehmuthsvoll, so trübe!
Ach! Deine Zweifel lasten schwer;
Ich denke Dein, – was willst Du mehr?
     Ich denke Dein mit Liebe.

Bey Fantasie und Sinnenspiel,
Bey Zart, und Hoch, und Tiefgefühl,
     Bey jedem süßen Triebe;
Im Cedernthal, im Rosenhain,
Beym Morgenroth, beym Mondenschein
     Gedenk ich Dein mit Liebe!

In meiner Freude goldner Spul,
Ist meiner Wonne Polsterstuhl
     Im Hof: und Weltgetriebe,
Was anders als Dein holdes Bild,
Wie Engelsmienen sanft und mild
     Gemalt von warmer Liebe?

Eh' rollt sich zu des Aethers Plan,
Eh' strömen Meere himmelan,
     Und Wasser bleibt im Siebe;

I. ÜBERSETZUNGEN *(1798-2021)*

Eh' ändern Sonnen ihren Lauf,
Eh' daß ich könnte hören auf,
    Zu denken Dein mit Liebe!

Wenn selbst das schwere Rad der Zeit
Des Weltenbaues Achse heut
    In Schutt und Graus zerriebe,
Ich dächte Dein auch fernerhin,
So lang ich noch ein Stäubchen bin,
    Mit unzerstörter Liebe.

Kühn mag sich unserm Talisman
Die schwarze Nacht des Nichtseyns nah'n!
    Gefreyet vor dem Hiebe
Der ewigen Vernichtung,
Wird blühen die Erinnerung
    Von uns mit frischer Liebe.

Gesetzt, es kämpfe ein Orkan
Von Wollust Deine Sinnen an,
    Ein fremder Hauch zerstiebe
Mein armes Bild wie leichte Spreu,
Vergesse mich, F e r h a d ! – es sey!
    Vergiß mich nur mit Liebe.

Die Trennungsstunde hat getönt,
Von Dir mit Seufzern ausgestöhnt,
    So wehmuthsvoll, so trübe!
Ach! Deine Zweifel drückten schwer,
F e r h a d ! – Nun zweifelst du nicht mehr;
    Du denkest mein mit Liebe!

                  1798

Sieh nicht beständig fremde Fehler

Sieh nicht beständig fremde Fehler,
Auf deinen Kragen senk den Blick;
Wenn dir ein Spiegel kommt zur Hand,
Zerbrech' ihn eh' du dich anbethest.
Schmück wie der Frühling dich nicht selbst,
Damit der Herbst dich nicht entblättre.
Der eignen Fehler Kleid ist eng,
Darum hüllst du dich in neun Schleyer.
Wie soll der Reif zum Ringe taugen,
Wenn er kein Schild zum Siegel hat.
Der Pleias Halsband ist für Hunde
Und des Messias Last für Eseln.
Was ist das Reich, das voll von Motten?
Was ist die Welt voll Diebesfrucht?
Die ganze Welt so alt als neu,
Sie tauget nicht der Körner zwey.
Hier iß nicht von der Welt, sieh auf!
Den Antheil N i s a m i ' s verschütt'!

1818

Friedrich Rückert

Die Aussteuer der Kauzentochter

Des Sultan's Mahmud Sittenmeister
Versteht der Menschen und der Geister,
Versteht der Vögel Sprachen auch.
Das zeigt' er, als im Abendhauch
Sie von der Jagd nach Hause ritten.
Zwei Kauze unterhalten sich im Strauch;
Was sagen sie? Der Meister läßt sich bitten,
Und horcht. „Was ists! berichte mir!"
Ich darf nicht alles wiedersagen.
„Warum?" Sie sprachen auch von dir.
„Kein Wort sollst du mir unterschlagen."
Wohlan! der eine Kauz (Gott schirme deinen Thron!)
Hat einen hoffnungsvollen Sohn,
Der andre schmuck ein Töchterlein,
Und heiratsfähig beide schon;
Die Väter kamen überein,
Daß sie ein Pärchen sollen seyn.
Der eine spricht: Ich bin's zufrieden,
Wenn fünfzig wüste Dörfer zur
Aussteuer sind der Braut beschieden.
Was, spricht der andre, fünfzig nur?
Fünfhundert, Bruder, kann ich geben;
Gott schenke nur dem Sultan Leben,
Und wüste Dörfer gibts auf jeder Flur.

***

Merkt sich der Sultan die Betheurung?
Und wird er aus dem Sinn den neuen Krieg
                              sich schlagen,

Um nicht mehr Dörfer zur Aussteurung
Der Kauzentochter beizutragen?

1837

Die Rätsel der Turandot in symbolischer Fassung

Die Meisterin anmut'ger Spielerinnen
Begann das Spiel nun hinterm Vorhang drinnen.
Zwei Perlchen löste sie vom Ohrgehange,
Und gab sie einer Zofe zum Empfange:
„Bring unserm Gaste dieses hier in Eile,
Und bring zurück was Antwort er erteile."
Die Botin hin zum Gaste kam geschwinde
Und zeigt ihm ihr gebrachtes Angebinde.
Der Mann die Perlchen legt' auf Geisteswage,
Und merkte wohl, was ihr Gehalt besage.
Von andern Perlen, die dazu sich schickten,
Legt' er drei gleiche zu den zwei geschickten,
Gab sie der Botin, die die Sendung brachte,
Daß sie zur Senderin den Rückweg machte.
Das Steinherz dort, als sie die fünf sah liegen,
Nahm den Gewichtstein und begann zu wiegen.
Als sie so und so viel fand an Gewichte,
Rieb sie die Perlen an dem Stein zu nichte;
Darauf sie eine Hand voll Zucker sprengte,
Und Perl' und Zucker durcheinander mengte.
Das ließ sie hin zum Gast in Eile bringen;
Der wußt' auch dieses Rätsel zu durchdringen,
Ließ von der Dien'rin ein Glas Milch sich reichen,
Vermischte Beides, und gab ihr dies Zeichen.
Die Dienerin dahin zur Herrin eilte,

Der sie den mitgebrachten Fund erteilte.
Die nahm die Milch und trank bis auf die Neige,
Die Neige knetete sie dann zum Teige;
Sie legt' ihn auf die Wage wie zuvor,
Und fand, daß es kein Haar Gewicht verlor.
Gleich zog sie ihren Reif vom Finger nieder,
Und gab zu tragen ihn der Botin wieder.
Der Kluge nahm ihn von der Zofe Händen,
Und steckt' ihn an, ohn' ihn zurückzusenden.
Er gab ihr ein Juwel, das Nachts die Zelle
Der Welt erleuchtete mit Tageshelle.
Das Mägdlein, wie ein Kind aus Himmelsreichen
Trug das Juwel hin der Juwelengleichen.
Die Herrin hielt's auf ihrer Hand nicht lange,
Brach auseinander ihres Busens Spange,
Wo ein Gestein sie fand, ein gleichgejochtes,
Ein Nachtlicht mit dem andern gleiches Dochtes;
Auf einen Faden zog sie die zwei Flinder,
Die beiden völlig eins, nicht mehr noch minder.
Die Botin trug die Schätze hin zum Meere,
Hin die Pleiaden zur der Sonnensfäre.
Der Kluge, da den Blick darauf er wante,
Das Zwiegespann nicht von einander kannte,
Und außer Zweiheit zwischen diesen Beiden
An Glanz und Pracht nichts fand zu unterscheiden;
Nahm eine Glaskorall' aus Dienerhand,
Weil gleich den zweien sich kein drittes fand;
Aufs Kleinodpaar legt' er das Glas geringe,
Und gabs der Botin, daß sie hin es bringe.
Die Holde sah Juwel und Glas im Bund,
Versiegelte mit Lächeln ihren Mund;
Sie nahm mit Sinn das Glas und die Juwelen,

Der Hand es, sie den Ohren zu vermählen.
Zum Vater sprach sie: „Auf, das Werk beschicke!
Zu lange war ich spröde meinem Glücke.
O sieh mein Glück, wie freundlich sichs erwiesen,
Daß mirs zur Wahl gab einen Freund wie diesen
Solch ein Genosse ward mir, dem entsproßen
In Land und Reich ist keiner zum Genoßen.
Denn weise bin ich, und der Freund ist weise,
Mein Witz steht seinem Witze nach im Preise."
Der Vater, freudig ob der frohen Kunde,
Sprach zur Peri: „O du mit Engelsmunde!
Was ich von Frag und Antwort hier vernommen,
Ist unter Schleiern mir verhüllt gekommen;
Was da erging von heimlichen Geschichten,
Das mußt Du eins ums andre mir berichten."
Das zarte Reis mit tausend Schmeicheleien
Hub an dem Rätseldunkel Licht zu leihen.
Sie sprach: „Da mir zuerst der Sinn entglommen,
Vom Ohrgehäng die Perlchen ich genommen,
Sagt ich ihm durch die beiden Perlchen leise:
Zwei Tag ist Menschenleben; nutz es weise!
Er, wie er fügte drei zu zweier Stelle,
Sprach: Wenn auch fünfe, doch vergehn sie schnelle:
Ich, als ich Zucker zu den Perlen führte,
Und beides mit einander rieb und rührte,
Sprach: Leben ist versetzt mit niedern Trieben,
Wie Perlen die mit Zucker sind zerrieben;
Durch Zauberkunst und Alchimie die beiden
Vermischen, wer vermag sie wohl zu scheiden?
Er, als er Milch auf das Gemisch ließ wogen,
Daß eins zurückblieb, eins ward aufgesogen;
Sprach: Wenn sich Zucker mag den Perlen mischen

Ein Tröpflein Milch genügt ihn wegzuwischen.
Ich, als ich sog die Milch aus seiner Schal',
Erklärte mich als Säugling ihm zumal;
Und als ich meinen Fingerreif ihm sante,
Zu seiner Braut ich mich bereit bekannte.
Da ließ er im Juwel den Gruß mir reichen:
Wie dies Juwel, sind ich nicht meinesgleichen.
Doch als ich zum Juwel das gleiche stellte,
Zeigt ich, daß ich mich ihm als gleich gesellte.
Er, der beim Prüfen dieser zwei Juwele
Erkannte, daß der Welt ein drittes fehle,
Legt er die blaue Glaskoralle bei,
Daß abgewendet böses Auge sei.
Indem ich nun anlegte die Korallen,
Erkor ich seine Liebe mir vor allen.
In meiner Brust ist seiner Liebe Platz,
Und unter seinem Siegel ist mein Schatz.
Für ihn hab ich mit den fünf Rätselfragen
Der Sultanswürde Fünfmusik geschlagen."
Der Schah, als es das Rösslein sah gezähmet,
Dem unbequemen Geißelschwung bequemet;
Bereitet er zu der Vermählung Festen
Soviel er fand des köstlichsten und besten;
Er saß zu ihrer Hochzeit Zuckerspende,
Gab Sohres Brautschatz in Suheiles[1] Hände.

1890

---

1 Sohre – der Planet Venus. Suheil – das Canopusgestirn, beides auf zwei so aus-
gezeichnete Menschen, wie hier die Braut und der Bräutigam sind, übertragen.
(Anm. Edmund Bayer)

August von Platen

Eingang von Iskander-Nameh

Aus dem Persischen des Nisami

O Herr, dem die Herrschaft der Welt angehört,
Und dem mein Gemüt hier Gehorsam beschwört,
Du schirmst, was erhöht ist, du schirmst was gering,
Das Weltall, es ist nicht, du bist jedes Ding.
Es zeigt uns die Schöpfung, was hoch ist und tief,
Du bist's, dessen Allmacht hervor Alles rief.
Du Allwisser bist's, der, was Nacht ist, erhellt,
Dein Kiel ist die Weisheit, dein Schreibbuch die Welt.
Dem Zeugnisse, daß du der Wahrhaft'ge seist,
Verlieh schon am Anfang Beweiskraft der Geist.
Den Geist hast du lichtvoll zum Blitz uns gemacht,
Die Welt für den Anfang zum Sitz uns gemacht.
O du, der den Sternhimmel anzündetest,
Die Erd' uns als Herberge bloß gründetest,
Ein Tröpflein erschufst du zum Meerwasserschwall,
Den kostbar'n Juwel bildet dein Sonnenball.

1839

Franz von Erdmann

Erzählung von der Tochter des russischen Herrschers

Es war, sprach sie, in Russlands weitem Landsbereich
Dir eine Stadt, an äusserm Glanz Jungfrauen gleich.
Ein Padischah, dem sie den sichern Sitz gewährt,
Hatt' eine Tochter, die, in Weichlichkeit ernährt,
Durch zartes Augenspiel in jedes Herz sich schlich,
An Wangen rosenroth, der hohen Ceder glich;
Die schöne Wange war als Mond herztödtender,
Die süsse Lippe war als Zucker lieblicher.
Als Venus hatt' das Herz von Jupiter entlehnt,
Durch ihrer Kerze Schmelz sie Zucker ausgedehnt.
Der feine Zucker sollt' von ihres Zuckers Fein
Engherziger als ihres Gürtels Umfang seyn.
Zum Unmuth führte nur der Locken Moschusborn,
Und ihres Rihan – Gartens Rose war ein Dorn.
Des Antlitzs Frische wich des Frühlings Frische Zug,
Und ihrer Farbe Schön des Pinsels eitler Trug.
Narcissen Schlummer war des Blickes Trunkenheit,
Und ihres Kaufes Dirm der Nasrin Lieblichkeit.
Von hohem Wuchs, der Ceder in dem Garten gleich,
Ihr Antlitz, wie der Lampe Licht an Flamme reich!
Es war der Rose Glanz der Diener Wege Staub,
Die Rose Gürtel für der Unterhaltung Raub;
Zu ihrer Schönheit, Zucker lächelndem Gespräch
Gesellte sich des hohen Geistes Lichtgepräg.
Ihr Wissen war mit allen Fächern ausgeschmückt,
Aus jeder Wissenschaft ein Blättchen eingerückt;
Gelesen hatt' der Weltenbücher Täuschung sie,

Geheimes Wissen, gleich der feinen Ironie;
Zog über's Antlitz sie der Locken Schleier hin,
Erwog im Ernste sie des schweren Buches Sinn.
Als ihrer Brust Gewölb' was überdies erschien,
Vermocht ein trefflich Paar jedweden anzuziehn!
Als nun der laute Ruf die ganze Welt durchprangt,
Es sey Riszwani Hur aus Behescht angelangt.
Es habe Sonn und Mond ein Töchterchen erzeugt,
Und Venus den Merkur mit ihrer Milch gesäugt,
Da wurden alle gleich von Lieb' zu ihr entbrannt
Und Werber ohne Zahl um ihre Hand gesandt.
Der strebt' durch Macht, der wiederum durch Gold
                                          zum Zweck,
Doch sie verbarg ihr Gold in einem Machtversteck.

1844

Georg Friedrich Daumer

Die Erzählung vom Herrn Jesus

Herr Jesus auf gewohnter Wanderung
Ging einst auf einen Markt hin. Da lag
Ein todter Hund und viele Leute standen
Um ihn herum, wie Geier um ein Aas.
Sie schmähten Alle die verworfne Leiche,
Es war zu gross kein Schimpf, zu stark kein Ausdruck
Den Aufgebrachten über alle Maassen
Ob einer so höchst ungefugen Schau,
Ob eines so höchst widrigen Geruches.
Herr Jesus aber trat heran und sprach
Sanftmüthigen Tones so: „Die Zähne seht,
Die herrlichen, sie sind so weiss, wie Perlen!"
Mit Tiefbeschämung trifft sie diese Rede,
Die Meister in Beschimpfung allumher;
Sie sind, wie Muscheln, welche, die Gewalt
Der Flamme fühlend, durch und durch erglüh'n.

1853

Wilhelm Bacher

Aus dem Alexanderbuch

Das Alter hatte sich Nizami schon mit Abnahme der Leibeskräfte fühlbar gemacht und sehr rührend beschreibt er dasselbe in einem der Einleitung des Alexanderbuches eingefügten Abschnitte. Dieser enthält auch einige Verse, welche die sinnig gläubige Anschauung des Dichters von der Unsterblichkeit bekunden:

Viel meines Gleichen schon im Grabe schlummern
Und keiner denkt daran, dort ruhe jemand.
Erinn're du dich mein, o junge Wachtel[1],
Aus dessen Schollen Gras du sprossen siehest
Und dessen einfach Mal längst eingestürzt ist,
Da seine Erde Wind und Wetter fortträgt,
Indes kein Zeitgenossen mein mehr denket!
Berühr' dann meines Erdenstaubes Trümmer,
Dabei an meine reine Seele denkend.
Und lässt du Thränen mir zu Ehren fliessen,
Will ich vom Himmel Licht auf dich ergiessen;
Was immer auch du im Gebet erflehest,
Ich wirke, dass es stets Erhörung finde.
Du preisest mich, ich will dich wieder preisen,
Du kömmst, ich komm' hinab aus Himmelshöhen.
Denk' mich als Lebenden, wie du es selbst bist,
Kömmst du zu mir, bin ich als Geist dir nahe.
Nicht wähn', ich könnte nicht mehr Umgang pflegen,
Denn siehst du mich auch nicht, so sehe ich dich.

1871

---

1   Unter dem Angesprochenen ist wahrscheinlich sein Sohn zu verstehen. (Anm. Wilhelm Bacher)

Sprüche

1.

Gerätst du in die Mitte zweier Feinde,
Mach, daß sie zankend auseinandergehen.
Hetz' auf den Wolf den Tiger dir zum Heile,
Aus zweier Steine Reibung ziehst das Mehl du.

2.

Schatzkammern legt man an des Goldes halber,
Das Gold, am besten legt's man an beim Feinde;
Mit süßer Lockung kommt der Fuchs zufalle,
Für Leckerbissen giebt das Kind den Ring hin.

3.

Nicht schmück' dich selber, wie die Blum' im Garten,
In andrer Händen laß die Lampe schimmern!
Ein dünkelhafter Mager sprach zum Feuer:
Was giebt es bessers als wir zwei hienieden?
Das Feuer sagte: willst du's recht erwägen,
Müßt man verbrennen dich und mich verlöschen.

4.

Die Treue ist dir mitgeborne Tugend,
Laß nicht die Gabe, die von Anfang dein ward.

5.

Nur deshalb ist die Muschel starr wie Knochen,
Weil geizig sie der Perle Mark verschließet.

6.

Warum, um nur des Bauches Lust zu stillen,
Nach allen Seiten ruh- und rastlos jagen?
Die Wüste und den Ocean durchschneiden,
Wo nichts am Ziele winkt, als – Brot zu essen!

Die Strebenden, die mit Verstand begabt sind,
Was suchen anders sie als schließlich Ruhe?
Die ganze Welt durchschreiten ihre Füße,
Daß sie zuletzt den Fuß zum Ruhsitz lenken.
Der Einsichtsvolle weiß, daß die da reisen,
Die Stillesitzer immer glücklich preisen.
Die Sicherheit weilt nur im Land der Ruhe
Und außer seinen Grenzen – stete Mühsal!

7.
Hältst eine Speise du zuhaus verborgen,
In siebzig Häuser bald ihr übler Duft dringt;
Doch schickst davon du rings den Nachbarn allen,
Wird dir des Ruhmes Moschusduft zuteile.

8.
Ein Diener süßer Rede, wenn auch lieblos,
Ist besser als ein liebevoller Dummkopf;
Die Liebe ziemt's mit schönem Wort zu zeigen,
Was nützt die Neigung mir, die schlecht sich ausdrückt?

1887

Anton Edmund Wollheim da Fonseca

Aus dem Heft-peikar

Sie sprach: „als ich den Plan ersann,
Vom Ohr zu nehmen mir die Perlenschnur,
Zeigt' ich durch die zwei reinen Perlen an,
Daß mir das Leben werth zwei Tage nur.
Doch als den Zucker ich hinzugebracht,
Zusammen mit den Perlen ihn gerieben,
So hieß dies: Leben ist mit süßen Trieben
Gemischt, wie mit dem Zucker Perlenpracht;
Da nun aus Zauber und Chemie entsproß
Die Lehre wie Substanzen sind zu scheiden,
So sagt – wer Milch geschüttet zu den Beiden,
Daß diese blieb, der andere zerfloß –
Der Zucker, wenn auf Perlen auch gestreut
Von e i n e m Tropfen Milch zu schmelzen dräut; –
Da ich aus seiner Schale Zucker aß,
Milchtrinkend, ich im Kampf mich mit ihm maß;
Und ich gestand durch jenen Ring es ein,
Ich achte mich als Gattinn ihm verbündet –
„Wie das Geschmeid ihr Haupt umflicht (so kündet
Er durch die Perl') will ich ihr eigen seyn."
Ich legte die Juwelen an sogleich,
Ein Zeichen, daß ich ihm als Gattinn eigen,
Ihm, beide Perlen prüfend, mußt' sich's zeigen
Daß keine dritte in der Welt so reich.
Die blaue Perle nahm er in die Hände,
Da war sein Blick von Himmelsrausch entrückt;
Ich hatte mit dem Geschmeide mich geschmückt,
Daß ich als Gattinn fest an ihm mich bände.

Anton Edmund Wollheim da Fonseca

Ja, seiner Perlen-Morgengabe Platz
Sei mir am Busen, ein Schatzkammer-Schatz,
Und ob der fünf verborgnen Räthselfragen
Hab' ich fünf Königspauken nun geschlagen!"

1873

Ottokar Freiherr von Schlechta-Wssehrd

Herr Jesus und der Hund

Herr Jesus (mit ihm sei der Frieden)
Schritt, eines Tags, als er hienieden
Noch wallte seinen Segensgang,
Den Markplatz eines Dorfs entlang.
Hier drängte sich um eines Hundes
Halbfaulen Leichnam, offnen Mundes,
Aasvögeln gleich, das Volk im Kreise
Und Jeder lästerte in seiner Weise.
„Pfui, der Gestank verpestet schier" –
Schrie Einer – „mir die Seele!" „Mir" –
Auffuhr ein Zweiter – „blos zu schauen
Den Höllenköter macht mir Grauen!"
So Mann für Mann! Herr Jesus nur,
Treu seiner gütigen Natur,
Sprach: „Heller funkeln seine Zähne
Als Perlen." – Schamroth, schwiegen Jene.

Solamen miseris

Unmittelbar vor seinem in Asien erfolgten Tode, soll Alexander, der Grosse, an seine in Macedonien zurückgebliebene Mutter diesen Abschiedsbrief gerichtet haben.

Was liegt am Tropfen, der verweht,
Wenn nur der Strom, der Strom, besteht?
Was schadet's wenn der Krug zerbricht?
Versiegte doch der Brunnen nicht!
Wen kümmerts ob ein Apfel dorrt?

Reift üppig die Orange fort;
Was liegt am Blatt, das niederschauert,
Wenn, die's gebar, die Eiche, dauert?![1]
Darum, o Mutter, nicht zu tief
Lass' dich erschüttern diesen Brief,
Die Schauermähr, dass, sturmerfasst,
Von deinem Stamme brach ein Ast,
Und, wie ich selbst mein sehnend Herz,
Bezwing', o Mutter, deinen Schmerz,
Den grausigen, dem Stand zu halten
Dich gnädig stähle Gottes Walten!
Bei jener Milch, die ich mit Lust
Geschlürft aus deiner treuen Brust,
Beim Kinderschlafe, sonder Harm,
Der mich erquickt in deinem Arm,
Bei jenem allerschwersten Schlag,
Der eine Mutter treffen mag,
Die, alternd, einsam, ohne Stab,
Hinabstarrt in des Sohnes Grab,
Bei Allem was in Grüften wohnt
Und was in Äthers Lüften wohnt,
Was modert unter Schutt und Stein,
Was ewig schwelgt in Edens Hain,
Bei jener Seele, riesengross,
Die aller Seelen Keim und Schooss,
Bei jenes höchsten Namens Hehre,
Der aller Namen Preis und Ehre,
Bei allem dem, o Mutter mein,
Beschwör' ich dich: die herbe Pein,

---

1 Diese ersten acht Verse wollen sagen: Was liegt an mir, dem Sohne, wenn nur du,
die Mutter, noch fortlebst. (Anm. O. F. von Schlechta-Wssehrd)

So diese Kunde in dir weckt,
Lass sie dich treffen unerschreckt,
Nicht beugen deinen edlen Muth
Und, statt wie Die und Jene thut,
In eitlen Jammer auszubrechen,
Nach allen Menschenlooses Schwächen,
Nach allen Daseins gleichem Ende
Des Geistes Blick, betrachtend, wende,
Mit Würde tragend und Ergebung
Wovon noch Niemand ward Enthebung.
Doch, mehrt die Qual sich allzusehr,
Drückt Kummers Wucht dich allzuschwer,
Bevor dein Busen auf sich thut
Selbstmordender Verzweiflungsgluth,
Vor dieser letzten, schlimmsten Wahl,
Versuche dies: Ein fürstlich Mahl
Lass zubereiten im Palast
Und an Matronen was da fasst
Die Stadt, mit Grüssen deiner Gnade,
An deine Herrschertafel lade;
Hierauf zu den Vereinten sprich:
„Wer von euch hat – sie melde sich –
Nichts, was ihr theuer war, begraben?
Sie mag an diesem Tisch sich laben!"
Greift dann von Allen E i n e zu,
Nur E i n e – dann verzweifl' auch du;
Wenn aber aus dem vollen Kreise
N i c h t   E i n e rührt an Trank und Speise,
N i c h t   E i n e niedersitzt von ihnen –
O, lass' es dir zur Lehre dienen

Ottokar Freiherr von Schlechta-Wssehrd

Und, was noch Keiner ward erlassen,
Auch du, Geliebte, lern' es fassen!

1892

Richard Dehmel

Der tote Hund

Nach Nizami

Der Herr Jesus, auf seiner Wanderschaft,
    betrat einen Markt, wurde sehr begafft.
Nur ein toter Hund, schon halb verfault,
    wurde noch mehr begafft und bemault.
Da lag er — und rings um die üble Gestalt
    machten die Menschen wie Aasgeier Halt.
Puh! sprach einer: mir wird ganz krank
    von dem entsetzlichen Gestank.
Ein zweiter sprach: er stinkt zwar sehr,
    aber der Anblick entsetzt noch mehr.
So gaffte jeder aus anderm Grund,
    und alle schmähten den toten Hund.
Da trat Jesus unter den Schwarm;
    hell hob er über den Leichnam den Arm.
Seht! sprach er und stand voll Sonnenschein:
    seine Zähne sind wie Perlen rein!
Und lächelte — daß Alle, die's erlebten,
    durchglühten Schlacken gleich erbebten.

1901

Hellmut Ritter

Aus Chosrau und Schīrīn

Chosrau tröstet Schīrīn über den Tod Ferhāds:

Du bist der Tag, er der Stern, o Nachterleuchtende; es stirbt der Stern, wenn es Tag wird.

Du bist der Morgen, er die Lampe – wenn das Herz das annimmt –; das ist die rechte Lampe, die vor dem Morgen stirbt.

Du bist der Garten, er das Gras, das aus dir sprießt; das ist das rechte Gras, das auch im Garten welkt.

Du bist die Kerze, und er der trunkne Falter; wenn die Kerze kommt, geht der Falter dahin.

Du bist von des Feuers Art, er das die Qual leidende Aloeholz; es verbrennt das Holz, wenn aufflammt das Feuer.

Chosrau wird am Ende seines Lebens aus seiner stolzen Höhe in die tiefste Tiefe hinabgestürzt. Der eigene entartete Sohn Schīrōje wirft ihn in den Kerker. Sein einziger Trost ist Schīrīn, die nicht von seiner Seite weicht, und deren wahren Seelenadel er erst jetzt erkennt. Er sucht sich und sie über sein Geschick zu trösten:

Vor dem Winde, der die Mütze vom Kopfe reißt, das Gras in Ruhe ist, die Zypresse wird verletzt.

Je stattlicher das Jagdtier ist, der Jäger es um so leichter mit dem Pfeile trifft.

Wenn der Berg beim Erdbeben zerbirst, vor dem Falle dann den hohen (Dingen) bangt.

I. ÜBERSETZUNGEN (1798-2021)

Dann sagt Schīrīn (oder der Dichter):

Wie der Ball, fallend und steigend, so ist es recht; denn jeder, der fällt, erhebt sich auch wieder.

Der Esel, der 60 Man leicht tragen kann, vor 65 Man fürchtet er sich nicht.

Sei geduldig in diesem Kummer ein paar Tage; es bleibt kein Mensch ewig in Banden.

Wenn du verschlossen liegst, so sei damit zufrieden, du bist der Schatz, es liegt der Schatz verschlossen.

Gar manches Schloß, des Verschluß (mit dem man es öffnen könnte) nicht zu sehen ist; schaust du wieder hin, kein Schloß ists dann, ein Schlüssel.

So offenbart die Bildersprache Niẓāmīs, deren eigentümlichen Charakter und deren Funktion und Wirkung wir uns klar zu machen versucht haben, da erst ihre rechte Bedeutsamkeit und Tiefe, wo ihre Bilder zu Symbolen für die Gesetze des Lebens selbst werden, die uns locken wollen, uns eben diesen Gesetzen anzuvertrauen und zu fügen.

1925

Rudolf Gelpke

Madschnun dichtet vor Leila

Wer bin ich? Ein Bettler, der singt für dich,
Geliebte, so fern-nah, erhörst du mich?
Von der Knechtschaft des Weltlaufs bin ich befreit,
und mein Schmerz ist auch meine Seligkeit.
Ein Ertrinkender, durstig im Wehstrom der Wonne,
ein Nachtblinder bin ich –
                    und Vertrauter der Sonne ...
Meine Seele bist du, und ich bin die deine;
zwei Seelen sind wir, und sind doch nur eine;
zwei Rätsel, und eine Lösung für beide:
daß jedes auf Erden am anderen leide.
So sind wir auch diesmal zehn Schritte getrennt,
obwohl sich das Eine in Zweien erkennt.
Doch muß hier, was eins ist, als Zweiheit erscheinen,
und darf sich nicht jetzt schon zum Einen vereinen.
Kein Weg führt vom Körper des einen zum andern;
es kann nur die Seele zur Seele wandern ...
Das Herz ist ewig, weil es dich liebt;
der Tod ist dort, wo es dich nicht gibt.
Solang du in mir bist, bleibe ich heil,
denn du bist vom ewigen Leben mein Teil ...

Die Menschen erfahren den Tod von Madschnun

So schlummern die beiden
                  der Auferstehung entgegen;
es kann kein Tadel ihnen
                  den Weg mehr verlegen.

I. ÜBERSETZUNGEN *(1798-2021)*

Sie hatten sich Treue gelobt
in *dieser* Welt;
sie schlafen in *jener* zusammen
im gleichen Zelt.

1963

Martin Remané

Farhâd und Schîrîn

Da stand Farhâd und sah wild wie ein Löwe aus.
Die Wächter schlugen weit die Vorhänge zurück
und machten frei den Weg zum Thron. Mit finstrem Blick,
groß, massig wie ein Berg, schritt er durch das Spalier
der Menge, die gedrängt ihm folgte durch die Tür.
Vom Leid der Liebe war gezeichnet sein Gesicht,
er wankte wie im Traum, als trüge er es nicht,
Qual drückte aus sein Blick, sein ganzes Mienenspiel,
als ob ihn alles Leid der Erdenwelt befiel.
Fremd war ihm Furcht, Respekt, sogar vor einem König,
was Brauch und Sitte war, galt ihm genausowenig.
Er sah nicht auf Chusrau, entbot ihm keinen Gruß
und stampfte wie ein Stier daher mit schwerem Fuß.
Es war, als ob sein Leid ganz sein Gefühl verdrängte,
so daß er, wie sich selbst, Beachtung keinem schenkte.
Doch ließ der Schah es nicht an Ehre für ihn fehlen,
ließ ihn bei jedem Schritt behängen mit Juwelen
und, als er bei ihm saß, rings um des Riesen Platz
Perlen und Gold zuhauf türmen aus seinem Schatz.
Aber sein reines Herz schlug für Schîrîn allein,
drum schien ihm alles Gold der Welt nur Staub zu sein.
Da er's nicht würdigte durch Blicke noch durch Worte,
tat auf der Schah Chusrau des Redeschatzes Pforte.
Doch mochte, was er sprach, höchst feinsinnig auch sein,
Farhâd antwortete darauf nicht minder fein.
Er fragte ihn: „Woher stammst du? Wie heißt dein Land?"
Da sprach Farhâd: „Das Reich der Freundschaft wird's genannt."
Er fragte: „Welcherlei Gewerbe treibt man dort?"

Er sprach: „Dort kauft man Not und gibt die Seele fort."
Er fragte: „Gibt man dort sein Herz hin ganz und gar?"
Er sprach: „Bei Liebenden ist das nicht sonderbar."
Er fragte: „Sag, Farhâd, gabst hin dein Herz auch du?"
Er sprach: „Nicht nur das Herz, die Seele noch dazu!"
Er fragte: „Trägst du schwer am Kummer um Schîrîn?"
Er sprach: „Sie ist mir mehr, als ich mir selber bin."
Er fragte: „Strahlt sie nachts dir wie des Mondes Schein?"
Farhâd sprach: „Selbst im Schlaf, doch schlaf ich kaum noch ein."
Er fragte: „Wann befreist du dich aus dieser Not?"
Er sprach: „Ich werd erlöst davon erst durch den Tod."
Er fragte: „Was geschieht, trittst du durch ihre Tür?"
Er sprach: „Besinnungslos fall ich zu Füßen ihr."
Er fragte: „Wenn ein Aug sie dir verletzt, was dann?"
Er sprach: „Das zweite auch gäb ich sogleich daran."
Er fragte: „Käm nun wer und spräche: Sie ist mein?"
Er sprach: „Zermalmen würd mein Eisen ihn wie Stein."
Er fragte: „Wann erreichst du sie, die dir so fern?"
Er sprach: „Sind unsichtbar von hier aus Mond und Stern?"
Er fragte: „Wenn sie nun beansprucht all dein Gut?"
Er sprach: „Ich fleh zu Gott, daß sie es endlich tut!"
Er fragte: „Gäbst du hin den Kopf selbst für Schîrîn?"
Er sprach: „Den Kopf sogar, er ist mir nur geliehn."
Er fragte: „Läßt du nie von dieser Liebe ab?"
Er sprach: „Wer wahrhaft liebt, der liebt bis an das Grab."
„Beherrsch dich! sprach der Schah. „Töricht ist, was du tust!"
Er sprach: „Beherrschung hat nicht Platz in meiner Brust."
„So quäl dich", sprach der Schah, „zu Tod mit deinem Leid!"
Er sprach: „Ich üb Geduld, du weißt, wie lange Zeit!"
Sprach jener: „Ja, Geduld ist eines Mannes Zier."
Sprach er: „Mein Herz ist stark, jedoch ich gab es ihr."
Sprach jener: „Käm ein Mann, der sie dir rauben könnt?"

Sprach er: „Ich fürchte nur, daß sie sich von mir trennt."
Sprach jener: „Fehlt sie dir nicht manchmal in der Nacht?"
Sprach er: „Gewiß, wär ich nur auf mich selbst bedacht!"
Kein weitres Wort jedoch wußte Chusrau darauf,
drum schwieg er plötzlich still und gab das Fragen auf.

1968

Jan Rypka

Das Sprichwort in Niẓāmīs Lajlī va Maǧnūn

Die Trunkenheit vom ersten Weingenuß ist stark, die Verliebtheit des noch nicht vorher Verliebten ist hart.

Ohne dich wäre den Menschen der Edelmut verschlossener als die Tür des Prophetentums.

Obwohl das Wort wie Wasser lieb ist, sind die Worte, welche auch immer, wenig zu gebrauchen.

In der Hoffnungslosigkeit gibt es viel Hoffnung: das Ende der schwarzen Nacht ist weiß.

Jammern über die Verlassenheit ist nicht weise, denn der letzte Freund der Verlassenen, (wenn alles fehlschlägt,) ist Gott.

Wer sich in der Stadt auskennt, weiß, woher unsere Ware stammt.

Das Wohltun ergötzt alle Menschen, die Freien macht es den Sklaven gleich.

Wie kann in der Liebe Geduld nützlich sein? Die Sonne läßt sich mit Lehm nicht übertünchen!

Rede wenig, jedoch Auserwähltes wie Perlen, damit von deinem Wenig die Welt voll werde.

Das Glück wendet sich von jenem Leichtsinnigen ab, der die Beine über seinen Teppich hinausstreckt.

Setze dich nieder und befreie dein Herz von diesem Kummer; es ist besser, daß du kaltes Eisen nicht schmiedest.

1969

Johann Christoph Bürgel

Aus Chosrou und Schirin

Sprüche

Was dir dein Kind auch zufügt, du denke immer dran:
Es wird von seinen Kindern auch ihm dereinst getan.
Mach nicht in Gut noch Böse dich zu des Kindes Sklaven!
Vertreten Kindeskinder dich doch in Lohn und Strafe.

Du kannst des Freundes Hilfe nicht entraten,
nur Gott ist ohne Freund und ohnegleichen.
Durch Freundschaft nur geraten viele Taten,
doch ohne Freund ist wenig zu erreichen.

Denn wer von Herzen stets zur Wahrheit hält,
der Mann bezwingt die Welt, nicht ihn die Welt.

Hochmut stößt die Krone vom Haupt. Lasse sich darum keiner
durch seine Macht zu Hochmut verleiten!

Die Lampe zwar ihr Licht vom Öl erwirbt,
und doch gar leicht sie auch am Öle stirbt!

Wer hier in diesem Hause wohnen muss,
braucht rechtes Maß in Freude und Verdruss!

Strebe nicht höher hinauf, als du gewachsen bist, strecke deinen
Fuß nicht weiter, als dein Kelim reicht! Schlag nicht Wellen, als
seist du das Meer! Flieg nicht höher, als du vermagst!

Es ist nicht gut, eine neue Ordnung zu erlassen und die alten
Sitten und Bräuche in den Wind zu schlagen, die Öllampe der
Alten zu zertrümmern und das Gut der Waisen zu rauben! Wer
einen Keim zerstört, vernichtet eine Saat – das sage nicht ich, das

Saatkorn selbst bezeugt es. Jedoch: nicht jeder Keim treibt gutes Reis, nicht jede Laute singt ein gutes Lied! So mancher Kämpfer, der sich das Schwertgehänge anlegt, treibt den Mond vor Zorn hinter die Wolken! Hüte dich vor dem Reiter auf dem Schecken[1], der selbst ein halber Mohr ist und dessen Natur dem gefleckten Panther gleicht! Gewalt ist mit dem Glück der Macht nicht vereinbar, denn die Macht duldet keinen Gewalttäter! Zwar kann die Fliege auf dem Halwa kein Haus bauen, und für eine gestohlene Feige muss man den Raben nicht töten. Doch sollst du den eigenen Palast nicht mit anderer Leute Silber vergolden, sonst bekommt das Gewissen Risse und der Geldbeutel Löcher!

Schweig nicht, wenn Unrecht geschieht, denn wer schweigt, hilft mit.

Wer selbst schon über hundert falsche Lettern schrieb, lege nicht den Finger auf den Fehler eines andern! Blickst du nur einmal auf die eigenen Mängel – und öffnest tausend Augen auf die Mängel anderer? Der du dem Spiegel gleichst im Mängelfinden, überlasse doch diesen harten Blick dem Spiegel! Auch hat der Spiegel immerhin die eine Tugend, dass er niemandes Geheimnis verrät. Schwarz wie ein Schatten sollte einer sitzen, der, was er vorn erblickt, nach hinten weitersagt.

Man soll den eignen Gegner nicht verachten; aus Kampf mit Schwächlingen erwächst kein Sieg! Lass dich nicht täuschen durch den goldnen Hasen, den der Maler auf die Klinge ritzt! Wenn Löwenmänner mit der Klinge kämpfen, vergießen sie das Blut so manches Hasen. Blick auf das glatte Wasser nicht verächtlich; denn bricht der Damm, wird es zum wilden Strom! Trau nicht der Flamme, die sich duckt, denn kommt die Zeit, verbrennt sie hundert Ernten! Schaue nicht zu dreist hin, wenn

---

1   Der Reiter auf dem Schecken ist die Zeit. (Anm. J. C. Bürgel)

der Löwe lacht, denn was er zeigt, sind Zähne nicht, sind
Schwerter! Wer sich des Mutes rühmt, der möge wissen: Nur im
Kampf mit Löwen erwirbt man den Namen des Löwen!

Jedes Wort, das man sagt, muss man gut überlegen,
es wie Gold, eh' man's braucht, auf die Goldwaage legen!

Ein jedes Werk ist schwierig ohne Meister,
erst muss der Meister her, danach das Werk!
Zwar kann ein jeder leichthin Ringe formen,
doch nur aus Wachs und Lehm, nicht Eisen oder Gold!

Ein Bauwerk nur so lange schwierig scheint,
als keines Menschen Hand sich ihm vereint.
Soll hundert Berge auch der Stahl durchbohren,
leicht fällt's der Hand des, den ein Mensch geboren.

Gesell dich nicht zu einem Bösewicht,
da dir's sonst bald an gutem Ruf gebricht.
Pflanz einen Baum, wo du ihn pflanzen kannst,
so, dass du wahrst die Frucht, die du gepflanzt.
Im Stillen wirk ein gutes Wort, das bringe
die Ehre ein, wenn es einst laut erklinge.
Sind hundert Seiten gut und eine schlecht,
nenn nicht die schlechte gut, rück sie zurecht!
Sieh mit des Gegners Blick dein eignes Wort an,
so lernst du Gut und Schlechtes scheiden fortan!
Statt hundert Kleider dir zu schneidern für die Lust,
zerreiß ein Kleid und bleibe ehrbewusst!

Der hat nicht Wissen noch Verständigkeit,
der, wenn Versöhnung winkt, vorrückt zum Streit!
Ein Kluger, der zum Kriege sich entschließt,
stets für Versöhnung eine Lücke lässt.

I. ÜBERSETZUNGEN (1798-2021)

Ein Baum, der in der Jugend sich verbiegt,
der wird nicht grade, wenn das Alter siegt!

Nicht jedes Schwert hält jedem Schlage stand,
nicht gleich lang sind die Finger an der Hand.

1980

Annemarie Schimmel

Gebet der Schirin

O Herr, laß meine Nacht zum Tage werden
und laß mich strahlend gleich dem Tage werden!
Der Morgen hoffnungslos, und schwarz die Nacht:
O gib, daß mein Gesicht wie Sonnen lacht!
Mein Gram ist so, daß Helden ihm erliegen:
Laß mich, wie Freude, diesen Gram besiegen.
Nicht länger trag' den Druck ich, das Bedrängen:
Lös' mich wie den Rubin aus Felsenengen!
Du bist der Freund, zu dem sie alle klagen –
O bring Erlösung mir in meinem Klagen!
Ich kann nicht mehr in diesem Gram bestehen –
Hilf, Helfer aller, die um Hilfe flehen!
Bei aller unterdrückten Kinder Tränen,
Bei aller tiefgebeugten Greise Sehnen,
Beim Straßenrand, wo arme Wandrer schliefen,
Beim Schweigen derer in des Kerkers Tiefen,
Beim Ruf „Gerechtigkeit!" der Angeklagten.
Beim Ruf „O Herr! O Gott!" der Schuldgeplagten,
Beim reinen Saume der, die Dich anbeten,
Die kennen das Geheimnis der Propheten,
Bei dem Bedürft'gen, dem das Tor verschlossen,
Bei den Verwundeten, blutübergossen,
Bei jedem, der von Haus und Hof getrennt,
Den seine Karawane nicht mehr kennt,

...

Erbarm Dich über mein zeriss'nes Herz,
Hilf mir aus diesem Wirbelsturm von Schmerz!

...

Ich leide, bin ein Stäubchen, bin erschlafft:
Gib mir nicht Schmerzen über meine Kraft!
Von mir kommt nichts, was mir zu tun gebührt:
Von Dir kommt, Schöpfer, was von mir nicht rührt.
Erfreu' noch einmal mich mit Deinen Gaben,
Du schenktest schon die Fülle Deiner Gnaden!
Wollt' ich verbergen mein geheimes Sorgen,
Wie könnte ich's? Denn Du weißt, was verborgen!

1987

Esmail Mietag

Nizamis Weisheiten

In den Augen des Volkes ist der Dichter NIZAMI nur durch seine Aufrichtigkeit erhaben und sein Herz schöpft die Kraft aus seiner Ehrlichkeit.

Der Körper ist nicht in der Lage den wahren Freund in der Welt zu suchen, sondern das Herz weiß, wer ein treuer Freund ist.

Die Tyrannei vernichtet und ruiniert das Land, die Gerechtigkeit hingegen lässt es aufblühen.

Versuche im Leben deinem Volk nützlich zu sein, lege die Tyrannei ab.

Die Gerechtigkeit soll die Welt regieren, aber Ungerechtigkeit kann nicht die Welt beherrschen.

Ein Reich kann nur durch Gerechtigkeit bestehen, die Herrschaft wird allein durch Gerechtigkeit bestätigt.

In der Liebe sei wie Feuer, in dem Hass sei wie bitteres Eis. Durch dein Wissen verwandele dich in die Sonne, den Mond und den Stern.

Denke nicht, daß die Welt jede Tat vergißt, sondern sie unterscheidet Gut und Böse.

Wenn die Sterne die Menschen glücklich machen würden, dann müßte jeder Sternendeuter ein König Kejgubad sein.

Wenn du ein glücklicher Mensch sein willst, mache es dir zur Gewohnheit ehrlich zu sein, ferner spreche wenig und esse wenig.

Derjenige wird die Welt regieren, der sein Ich besser kontrollieren kann, daher haben die Esel und die Ochsen stets hungrige Augen.

Berausche nicht mit dem Wein den schöpferischen Geist, ködere nicht den Jagdfalken mit einem Spatzen.

Obwohl der Wein von vielen gepriesen wird, halte dich vom Trinken fern, weil der Vernunft ihn als Feind eingestuft hat.

Eine Lüge, die der Wahrheit ähnelt, ist besser als die Wahrheit, die von der Glaubwürdigkeit weit entfernt ist.

Seit Bestehen dieser Welt ist das wahre Wort eine wertvolle Perle, wenn es auch ein bitteres Wort ist, erfreut es das Herz.

Wer die Wahrheit sagt, kann die Welt regieren.

Weil der Löwe die Maschen und Ketten der Heuchelei wegwarf, wurde er aus diesem Grund der allerhöchste.

Der Mensch steht über allem, er kann sogar den harten Stahlberg in Stücken abbauen und wegtragen.

Versuche durch deine mühevolle Arbeit, den ehrhaften Menschen anzugehören, damit du nicht als Bettler anderen zur Last fällst.

Wer in seinem Leben gegen Unterdrückung und Ungerechtigkeit gekämpft hat, hat sein jenseitiges Haus erbaut.

Die Kette der Sklaverei kann man nicht ohne Kampf loswerden. Deshalb erreicht man die Ehre der Unabhängigkeit nur mit viel Mühe und Plagen.

Schaue mit den Augen deines Feindes auf deine Worte, auf diese Weise kannst du zwischen deinen guten und schlechten Worten unterscheiden.

Deine Würde ist die beste in aller Welt, die Würde jedes einzelnen Menschen ist genauso wertvoll wie deine in aller Welt.

Ich schätze mich glücklich, dass in dieser elenden Welt, weder Glück noch Leid ewig währen.

Wenn die Jugend in der Wissenschaft König der Könige werden möchten, ist sie auf allen Stufen des Lebens auf die Erfahrungen der Älteren angewiesen.

Die Vernunft ehrt den Geist; Die Vernunft unterscheidet nicht zwischen alt und jung.

Suche zuerst den Meister, dann fange mit der Arbeit an, denn ohne Meister geht die Arbeit nicht wie gewünscht voran.

Wissen ist Macht, wer es richtig anwendet, wird die Welt beherrschen.

Sei nicht müßig, schreibe ein paar Zeilen, und wenn du nicht schreiben kannst, bereite dann den Weg für den anderen vor.

So lange du zum Überleben ausreichend Wasser und Brot hast, sei nicht traurig. Das ist besser, als wenn du deine Hand nach fremden Töpfen ausstrecken würdest.

Esse lieber Staub als das Brot der Geizigen, denn du bist nicht Staub, lasse dich nicht klein kriegen, sonst bist du selber ein Sklave.

Wenn du dir die Hilfsbereitschaft zu deiner Gewohnheit machst, wird diese dir im Leben alle zugeschlossenen Türen öffnen.

Von üblen Nachreden sei fern, mit gesprungenen und krummen Saiten kann man nicht Musik spielen.

Wenn ein Tropfen ins Meer gefallen ist, kann er von anderen Tropfen nicht mehr unterschieden werden.

Die Feindseligkeit eines Skorpions ist schlimmer als die eines Drachen, weil ein Drache dich ganz offen und klar tötet, aber der Skorpion ganz heimlich.

I. ÜBERSETZUNGEN (1798-2021)

Wer eine einzige wahre Geliebte in der Welt hat, dem soll sie
wirklich genügen.

Eine einzige Geliebte reicht dir völlig aus, wer viele Frauen hat,
lebt am Ende ganz allein.

Nicht jede Frau ist eine Ehefrau, nicht jedes Kind ist ein Sohn.
Nicht jede Blüte trägt Früchte, nicht jedes Rohr enthält Zucker.

Iß, was du mit deinem Schweiß verdient hast, bitte verfolge nicht
den Lebensweg der Aasgeier.

In den Augen eines edlen Menschen ist nichts größer als sein
Versprechen einzuhalten und zu erfüllen, daher findet seine
Einlösung große Beachtung.

Für Menschen ist die Bildung ihre Sicherheit, für jeden ist sein
Verstand das richtige Kapital.

Versuche deinem Volk nützlich zu werden, damit mit deiner
Mühe und deinem Fleiß die Welt noch schöner und reicher wird.

In Sachen Freundschaft gibt es weder DEINS, noch MEINS, wer
so verfährt, erntet Feindschaft.

Wer den Hilflosen eine Hilfe leistet, wird sich freuen, wenn er
unverhofft eine Hilfe bekommt.

1998

Rosemarie Kuper

Aus dem Diwan des Nizami

1.

Hat auch dein Nein mein Herz verwundet
          und Blut ins Auge mir getrieben,
dein Bild ist – unverletzt, gesundet –
          in meinem Herzen heil geblieben.
Dass du, wie ich, ein Herz besitzt
          – das meine steht dir ewig offen –
und eine Seele, ganz wie ich,
          lässt deine Gnade mich erhoffen.
Der Liebeswaage Schalen tönen
          vom Minus deiner Zärtlichkeit,
zugleich von überspanntem Sehnen
          dank deiner Erz-Unbeugsamkeit.
Du forderst also, falls dein Lieben
          existierte je, es zu vergessen
Hast den, der stets dir Freund geblieben,
          Feind zu nennen dich vermessen.
Soll denn von allen, die da zehren
          von deiner Gnade reichen Gaben,
auch nur die kleinste Gunst entbehren
          Nizami, und von dir nichts haben?

2004

2.

Statt meiner, dem das Herz du stahlst, die Seele
ausgesogen,
Erlaben andre sich an deines Paradieses Wogen.

Wenn du dich umschaust, findest du, wie mich geartet,
keinen,
Sollten auch noch so zahllose Verliebte um dich
weinen.
Dein Haar, so dunkel wie die Nacht, wie Rosen deine
Wangen –
Und dennoch: welche Angst und Qual, in Treu' dir
anzuhangen!
Was wäre Nizami, wenn eine andre er verehrte?
Wenn Deine Nachtigall sich nicht nach deiner Lieb'
verzehrte?

2005

3.
Die Nächte, ohne *dich* verbracht, sind wie verloren,
die Tage ohne *dich*, als wär' ich nie geboren.

Vereint zu sein mit *dir*: dem Ziel will ich mich weihen!
Nicht ganz *dich* zu besitzen will schier mich *dir* entzweien.
Dem Auge ist *dein* Bild wie meinem Glück entgangen,
den Füßen fehlt die Kraft, der Hand, *dich* zu erlangen.

Dass ich nur *dich* begehre, scheinst *du* abzuwehren:
Dahin das Hoffen, mich könntest jemals *du* begehren!

Was *du* für mich bedeutest, das höchste Glück auf Erden,
bedeute ich *dir* nicht: darf nicht *dein* Liebstes werden.

Du ächtest Nisami? Erfüllt von treuem Ahnen
acht't er die Zeichen tags, des Nachts der Sterne Bahnen.

2007

Monolog der Fitne:
Sieg der Liebe im Kampf um Gleichberechtigung

Ich bin Fitne, und das heißt: Unruhe.

Aber heute – bin ich ganz die Ruhe.

Denn heute, nach sechs Jahren in Haft, ist der Augenblick gekommen, um den ich zu Gott gefleht habe.

Es war Herrscherwillkür, die mein Leben auslöschen sollte.

Es war die Menschlichkeit eines Kriegers, die mich gerettet hat.

Sechs Jahre lang habe ich mir Tag für Tag mein Leben zurückverdient. Jetzt mag es genug sein.

Ich bin Fitne, und ich kann singen wie die Nachtigall – vielmehr, ich konnte es, und Harfe konnt' ich spielen wie keine. Reiten und tanzen konnt' ich, mit Liedern und Scherzen Schah Behram die Zeit verkürzen, auch war ich nicht auf den Mund gefallen, wenn es darum ging, sein männliches Gehabe aufs Korn zu nehmen.

Einmal, das musste ja so kommen, einmal traf mein Wort ihn wie ein Pfeil, und mit dem zusammen riss er mich aus seinem Herzen.

Was war geschehen? Er hatte mich auf Gazellen-Jagd mitgenommen, sein Lieblingssport. Mich ekelte das an, wie er ein Tier nach dem anderen wie im Rausch abschoss, als wären es Schießscheiben und nicht Geschöpfe.

Er wartete auf meinen Beifall.

„Das ist keine Kunst", rief ich ihm zu und provozierte ihn noch: „Schieß doch mal den Hinterlauf eines Tieres an seinem Ohr fest".

Mit einem gekonnten Trick gelang ihm das auch, doch statt ihn zu diesem Meisterschuss zu beglückwünschen, stellte ich nur fest: „Das verdankst du deiner Übung". „Was?" schrie er zurück, „das ist wahre Kunst. Und du verweigerst mir den Applaus?! Das ist Aufruhr – weg mit dir!"

Von einer Sekunde zur nächsten war ich nicht mehr seine Lieblings-Odaliske, ich war zum Tode verurteilt. Der Grund: Ich brächte Aufruhr in den Palast, Unruhe eben!

Ich wäre nicht Fitne, wenn es mir nicht gelungen wäre, seinen Kriegsmann und treuen Vasallen, der mich töten sollte, von der Macht der Zukunft zu überzeugen: „Der Schah wird sein Todesurteil bereuen. Wenn du mich jetzt verschonst, und wenn du mich bei dir versteckt hältst, wird dir das eines Tages nützen, und mir auch."

Der Mann war vernünftig. Ich durfte bleiben. Und heute, heute ist der Tag, an dem seine Besonnenheit Früchte tragen wird. Heute, sechs Jahre später, ist Schah Behram gekommen, seinen Vasallen zu besuchen, ...sechs Jahre, die ich nicht ungenutzt vorübergehen ließ.

Der Mann, der mir Asyl gewährte, schenkte mir damals auf meinen Wunsch ein eben neugeborenes Kalb. Das hob ich hoch, lud es auf meine Schultern und trug es täglich dort die sechzig Stufen hoch, dort, auf die überdachte Turm-Terrasse. Da oben weht fast immer ein leichter, kühler Wind.

Die sechzig flachen Stufen sind ein Kinderspiel, doch in sechs Jahren wuchs das Kälbchen heran. Das Gewicht, das ich zu schultern hatte, nahm stetig zu. Doch Übung, tägliche Übung, gab mir die Kraft, die nötig war.

Nun, da der Punkt erreicht ist, an dem sich meine Muskelkraft und die Last des fast ausgewachsenen Jungstiers die Waage halten, kommt der Schah, erscheint mein verfeindeter Freund, mein mich hassender Geliebter, besucht seinen Vasallen und, wie zufällig, mich in meinem geheimen Asyl!

Ich wage es!

Es wird gelingen.

Alles ist vorbereitet zu einem prächtigen Empfang. Auch ich bin vorbereitet auf meinen Gang.

Da kommt das Zeichen. Das ist der Augenblick.

Und wie erzählte Nisami die Geschichte weiter?

Fitne, festlich gekleidet, reich geschmückt und schön geschminkt wie sie war, ging zu ihrem Stier, beugte sich nieder und richtete sich, das Tier im Nacken, wieder auf.

Nun stieg sie die 60 Stufen hinauf, Schritt für Schritt dem Thron entgegen, auf dem Schah Behram saß.

Mit spielender Leichtigkeit hob sie den Stier an, setzte ihn vor seinen Augen ab und fragte mit schelmischem Lächeln: „Nun, wer möchte das Geschenk, als Probe meiner Geschicklichkeit und Kraft von mir heraufgebracht, mit gleicher Kraft und Meisterschaft nach unten tragen?"

Dem Schah entfuhr es: „Nicht durch Kraft, mit Übung hast du das vollbracht. Nur jahrelanges Training lässt dich das Gewicht des Stieres durch dein eigenes Gewicht tarieren."

Die Akrobatin verbeugte sich mit unverminderter Höflichkeit, doch bebte ihre Stimme, als sie rief: „Die Gewichte zwischen uns sind längst nicht austariert! War es nicht Training damals, der Gazelle den Huf ans Ohr zu heften? Wiegt mein Training mit dem Stier jetzt weniger!?"

Das war die Stimme, das war der Tonfall! Augenblicklich wusste der Schah, wen er vor sich hatte. Er konnte nicht an sich halten, hob ihr den Schleier vom Gesicht, und Tränen, nicht Perlen, schüttete er darüber aus. In tiefer Demut bat er Fitne um Verzeihung, ach – wie hatte sie den Augenblick ersehnt!

Um ungestört mit ihr zu reden, entließ er alle, die um sie waren, und wiederholte: „Vergib mir meine Schuld, durch die dies Haus für dich Gefängnis wurde. Der Brand, den meine ungehemmte Wut entfachte, hat mich selbst versengt, du aber bist unversehrt geblieben!"

Als sie alleine waren und er sie bat, mit ihm gemeinsam auf dem Thron zu ruhen, ergriff sie das Wort: „Nun ist es dir gelungen, und du hast, wie es dem Herrscher ziemt, die Zwietracht beigelegt, hast uns ausgesöhnt. Getötet hatte mich die Verstoßung durch dich, neu belebt mich jetzt dein Reuen. War nicht der Pfeilschuss damals, der das Ohr der Gazelle mit ihrem Huf verband, so meisterhaft, so einmalig und perfekt, dass nicht einmal der Himmel seinen Beifall dir versagen konnte? Ich aber versagte ihn dir, weil ich weiß: Das Vollkommene zieht den Bösen Blick auf sich. Davor wollte ich dich bewahren, doch mir selbst ward es als Missgunst ausgelegt."

Die Worte brannten! Wie Messerstiche trafen sie den Schah. Tief zu Herzen gehend war ihm ihre Rede, und er erwiderte: „Du sprichst nur allzu wahr! So ist es. O Du über alles Geliebte hast mir die Treue bewahrt! All die Zeit bist du mir treu geblieben. Ich lese dir die Liebe an deinen Augen ab. Erst jetzt erkenne ich, welche Demut dein Verhalten barg. Das ist ganz unvergleichlich. Wie war es mir nur möglich, eine solche Kostbarkeit gering zu achten und dem Verderben auszuliefern? Nur der Umsicht dieses Feldherrn hab ich zu verdanken, dass eine Perle vor Steinigung gerettet wurde!"

Der Schah rief seinen Vasallen zu sich, umarmte ihn herzlich, überhäufte ihn mit tausend Gaben und fand doch nicht den Gegenwert für das unschätzbare, dank seiner bewahrte Geschenk.

Mit Fitne zusammen kehrte Schah Behram in den Palast zurück und veranstaltete ein Freudenfest. So frohgelaunt hat ihn schon lange keiner mehr gesehen. Er ließ auch die Priester kommen, nach altem Brauch schloss er den Ehebund mit Fitne und blieb mit ihr vereint auf lange Zeit in Liebe, Scherz und Lust.

2016

Renate Würsch

Die alte Frau und Sultan Sanǧar

Eine Tyrannei bedrückte eine alte Frau.
Sie rang die Hände und ergriff den Gewandsaum Sanǧars.

[Sagend] „Oh König, Gerechtigkeit habe ich wenig von dir
gesehen!
Alle Jahre habe ich Tyrannei von dir gesehen!

Der betrunkene Polizeichef kam in meine Strasse,
trat mich einige Male ins Gesicht.

Mich Schuldlose zerrte er aus dem Haus heraus,
an den Haaren zerrend, zerrte er mich über die Strasse.

Am Ort der Tyrannei gab er mir keine Zeit.
Das Siegel der Tyrannei legte er an die Tür meines Hauses.

Er fragte: „Wer hat mitten in der und der Nacht, oh Bucklige,
auf deiner Strasse den und den getötet?"

Mein Haus plünderte er [sagend:] „Wo ist der Mörder?"
Oh König, wo ist mehr Rechtlosigkeit als diese?

Der Polizeichef ist betrunken; denn er vergiesst Blut!
Wie kann er mit einer alten Frau so grob umgehen?

Die Güterabwäger plündern die Einkünfte des Landes.
Die alten Frauen beschuldigen sie der Vergehen.

Wer es auf dieses Unrecht abgesehen hat,
hat meine Ehre und deine Gerechtigkeit aufgehoben.

Zerschlagen wurde meine verwundete Brust.
Nichts blieb von mir und meinem Leben.

Wenn du mir nicht Gerechtigkeit verschaffst, oh Herrscher,
wird am Tag der Abrechnung mit dir dafür abgerechnet.

Richtspruch und Gerechtigkeit sehe ich bei dir nicht,
und von Tyrannei sehe ich dich nicht frei.

Von den Königen kommt Kraft und Hilfe.
Schau, welche Erniedrigung von dir zu uns kommt!

Das Gut der Waisen zu nehmen, gehört sich nicht!
Lass ab davon: Dies ist nicht der Raubzug von Abchasien!

Sei nicht Wegelagerer für die bescheidene Habe der alten Frauen!
Scheue dich vor dem [grauen] Schläfenhaar der alten Frau!

Sklave bist du und erhebst Anspruch darauf, König zu sein!
Werde nicht König, wenn du zugrunde richtest!

Der König, der das Land in Ordnung hält,
befiehlt über die Untertanen mit Sorgsamkeit,

So dass alle [ehrerbietig] den Kopf auf das Schriftstück des
Befehls legen,
Liebe zu ihm in Herz und Seele legen.

Die Welt hast du drunter und drüber gebracht!
Solange du [da] bist, was hast du letztlich Treffliches geleistet?

Die Herrschaft der Türken, die sich hoch erhoben hat,
hat ihr Reich aus Gerechtigkeitsliebe gewonnen.

Weil du die Ungerechtigkeit pflegst,
bist du nicht Türke, sondern räuberischer Inder.
Städtische Wohnstatt ist durch dich Ruine geworden.
Der Kornhaufen des Bauern ist durch dich kornlos geworden.

Rechne einmal damit, dass der Tod kommt!
Die Hand erreicht dich, mache dir eine Burg!

Deine Gerechtigkeit ist dein nachterhellender Leuchter.
Dein „Heute" ist der Vertraute deines „Morgen".

Mache die alten Frauen froh durch dein Wort!
Und behalte dies Wort von einer alten Frau im Gedächtnis!

Halte die Hand weg vom Kopf der Hilflosen,
damit du nicht die Streitaxt der Bekümmerten kostest!

Wie lange schiesst du Pfeile in jeden Winkel?
Du bist gleichgültig gegenüber dem Vorrat eines Vorratslosen!

Als Schlüssel zur Eroberung der Welt bist du gekommen.
Nicht für die Ungerechtigkeit bist du zum Vorschein gekommen.

König bist du dafür, dass du Grausamkeit verminderst.
Wenn die anderen verwundet [sind], legst du die Salbe auf.

Der Brauch der Schwachen dir gegenüber ist Aufmerksamkeit zu
erregen.
Dein Brauch [ihnen gegenüber] muss Freundlichkeit sein.

Leihe dein Ohr dem Bittflehen der Worte!
Beschütze zwei, drei im Winkel Sitzende!"

Sanǧar, der die Klimazone von Ḫurāsān eroberte,
erlitt Schaden, als er diese Rede zu leicht nahm.

2005

Jan Weinert

Aus dem Diwan des Nizami

1.

Jede Nacht nur mit Wehmut und Kummer begann, ohne dich.
Jeder Hauch meines Atems vergebens verrann ohne dich.

Hab den Bund dir geschworen, der zieht mich so hin, ach zu dir.
Bin verbrannt in der Trennung, ein kraftloser Mann ohne dich.

Eine andere suchen, mein Engel, nur wie, aber wie!
Ja, du sagtest, die andern wärn unnötig dann ohne dich.

Hast erobert mein Herz ja, versklavt ist es jetzt, ach mein Herz.
O du Schatz, da ich nichts bin, und nichts, was ich kann ohne
dich.

Hab nicht Augen zum Suchen, so kommt auch das Glück
nimmermehr.
Doch kein Mut blieb mir übrig, sonst lief ich davon ohne dich.

Oh, vertraute Nisami, du Blume, oh du, oh vertrau!
Tag und Nacht suchend, wollte die Ruhe nicht nahn ohne dich.

2.

Man, Liebste, viele Gleichnisse für dein Gesicht erfand.
So bist du auf der ganzen Welt für Anmut wohlbekannt.

Sei gütig, komm, gib mir den Kuß mit deinem Munde süß,
Weil den Verliebten ist ein Kuß wie Wunden ein Verband.

Ich hab gefragt: „Wo ist das Herz?" Und diese Antwort kam:
„Frag besser nicht, der Suchende doch nie und niemals fand."

„Erbarm dich!" Wasserfällen gleich die Tränen liefen mir.
„Herzbrecherin der Welt, wasch nicht mit meinem Blut die
Hand!

So gnädig sei, und sag es frei: Wie hätt Nisami, wie
den rechten Umgang mit dir, oh du Mond aus Glanz, erahnt?"

3.
Ich bin verliebt. Befiehl dem Weinenden, oh meine Blume!
Willst du, daß weise oder irr ich dir erscheine, Blume?

Ich liebe mit dem Herzen und mit meiner Seele, Liebste.
Ich sterbe, oder ich bekomme diese Freundin, Blume.

Weil ich mit dir befreundet bin, ward feind die ganze Stadt mir.
Verzeihe mir, und sieh! Es sind soviele Feinde, Blume.

Wenn ich dich sähe irgendwo, ich küßt' dein Haar und weinte.
Verliebten kann Gesetz und Urteil nicht entscheiden, Blume.

Ich, ohne dich, ich sage: Keiner soll von dir getrennt sein.
Die Hand erreicht dich nicht, ich kann nicht länger leiden,
Blume!

2008

Reinhart Moritzen

Die Geschichte von Fitnä und ihrem Schah Bahram

Eine Sklavin hatte der Schah Bahram[1]. Ob zu Pferde oder zu Fuß: immer folgte sie ihm, war flink und so beweglich wie der Mond. Fitnä[2] hieß sie, die Unruhige. Tausend magische Kräfte und Reize verbargen sich in ihr. Des Schahs Zauberin war sie, und er war von ihr bezaubert. Ein Gesicht hatte sie, das dem Frühling im Paradies glich. Leicht wie der Morgenwind über die Felder war ihr Gang. Wie Honig auf der Butter war sie, geschmeidig und süß wie Gelee.

Zu ihrer Schönheit kam hinzu, dass sie wunderbar singen konnte; geschickt spielte sie das große Tschang-Saiteninstrument[3] – und wie leichtfüßig war sie in ihrem Tanz. Wenn ihr Gesang ertönte, kamen alle Vögel zu ihr geflogen. Auf der Jagd und bei einem Festmahl wünschte sich der Schah, nur ihre Stimme mit ihren Liedern zu hören. Ihre Waffe war das Saiteninstrument, und die Waffe des Schahs waren seine Pfeile. Sie schlug die Tschang-Saiten, und der Schah erschlug auf der Jagd das Wild.

Eines Tages befanden sie sich wieder gemeinsam auf der Jagd. In der Steppe zeigten sich einige Wildesel. In nur kurzer Zeit fing und erlegte der Schah einige dieser Tiere. Fitnä aber enthielt sich des Lobes, sei es aus einer Laune oder einer Lust, den Schah zu beunruhigen und herauszufordern. Geduldig wartete er eine Stunde oder sogar noch länger. Wieder tauchte in der Ferne ein Wildesel auf.

---

1   Schah Bahram – persischer Sassanidenkönig Warachran V. (reg. 421–438) mit dem Beinamen Gor, was Persisch „Wildesel" bedeutet, weil seine Passion die Jagd auf Wildesel war. (Anm. hier und im Folgenden S. Fuchs)
2   Fitnä bedeutet wörtlich Unruhe, Verwirrung oder Unruhestifterin.
3   Tschang – großes Saiteninstrument wie eine Harfe.

„Du wortkarge Tatarin", begann Bahram. „Warum würdigst du unsere Beute mit keinem Blick, keinem Worte? Können deine schmalen Augen diesen großen Gewinn nicht erkennen? Da rennt wieder ein Wildesel, sag mir, auf welche Art soll ich ihn treffen?"

Herausfordernd antwortete die Honigmundige: „Wenn du dein Gesicht voller Stolz erstrahlen lassen möchtest, dann triff doch Kopf und Huf mit einem einzigen Pfeil!"

Der Herrscher bemerkte die spöttische Schlauheit seiner Sklavin und dachte nach, wie er dieser Falle entkommen könne. Er verlangte eine Armbrust und einen Ball, setzte diesen in den Bogen, zielte – und traf mit dem Ball das Ohr des Wildesels. Das unglückliche Tier hob seinen Huf zum Ohr – und in diesem Augenblick durchbohrte wie ein Blitz der Pfeil des Schahs gleichzeitig Huf und Ohr des Wildesels.

Höchstzufrieden wandte sich der Schah an seine Begleiterin, die chinesische Türkin[1]: „Was sagst du nun zur Kunst meiner Hände?"

„Der Schah beschäftigt sich sehr viel damit – eine gewohnte Tätigkeit kann nicht besonders schwer sein", entgegnete Fitnä. „Aus Übung traf der Pfeil Huf und Kopf des Tieres und nicht durch eine ungewöhnliche Geschicklichkeit."

---

[1] In Nisamis Epen und der klassischen mittelalterlichen östlichen Poesie ist China das Land von Turkvölkern, dass nicht der heutigen geographischen Vorstellung von China entspricht. China oder Chinesisches Turkestan ist ein Land, aus dem man hübsche, weißhäutige, türkische Sklavinnen bringt und in dem geschickte Künstler leben. Folgende Symbole und Metaphern kommen in Nisamis Werken vor: China – Symbol für Schönheit und Edelmut; Hindustan – Symbol für Schwarz und Finsternis; Jemen – Symbol für Glück; Chusistan – das historische Gebiet im Südwesten Irans. Wegen Datteln ist es Symbol für Süßigkeit; Rum – Byzanz, Symbol für Weiß, Sonnenschein und Schönheit; Zypresse – Metapher für Körper; Drache – Metapher für Tod; Mond – Metapher für Gesicht; Narzissen – Metapher für schmachtende Augen.

Diese Worte verletzten den Schah so tief wie ein Beil, das in einen Baum schlägt. Außer sich vor Wut und Zorn war er. Eines Herrschers Wut wird aber nur durch Blut beruhigt.

„Wenn ich sie unbestraft lasse", dachte er, „so wird sie noch unverschämter werden. Doch viel schlimmer wäre es – sie zu richten. Frauen zu töten geziemt keinem mächtigen Herrscher, denn eine Frau kann im Kampf mit ihm nicht gleich sein."

Der Schah Bahram hatte einen Feldherrn. Wie ein Löwe, so wütend war dieser und grausam wie ein Wolf. Der Schah ließ ihn zu sich rufen und befahl ihm, Fitnä zu töten. „Sie ist für das ganze Reich eine Unruhestifterin", sagte er. „Mein Verstand verlangt, dass ihr Leben beendet werde."

Der Feldherr führte die zauberhafte Frau mit ihrem schönen Antlitz in sein Haus – und wollte sie wie eine Kerze auslöschen. Da flehte die Schönheit mit Tränen in den Augen:

„Wenn du dir nicht selbst zu einem Feind werden willst, so raube nicht mein Blut, denn es ist ohne Schuld. Die vertrauteste Freundin des Schahs war ich, unter allen Sklavinnen seine Auserwählte. So lieb war ich ihm, dass ich auf allen Festen wie auf der Jagd seine einzige Freude war. Aus Wut hat mich der Schah zum Tode verurteilt. Doch töte mich nicht voreilig. Lass einige Tage vergehen, berichte dann meinen Tod. Wenn sich der Schah Bahram über diese Mitteilung freut, so komm zurück und enthaupte mich. Mein Blut gehört dir. Wenn aber die Nachricht von meiner Hinrichtung sein Herz in Entsetzen und Trauer stürzt, dann wirst du es sein, dessen Seele und Körper gerettet sein werden, denn du bewahrst dich vor dem Jüngsten Gericht und mich vor dem Untergang. Mein Körper, meine schlanke Zypresse, wird nicht zur Erde sinken. Jetzt bin ich ein Nichts, es kommt aber der Tag, an dem ich dir für deine Hilfe einen Dienst erweisen werde."

„Gut", sagte der Feldherr, „sprich mit niemandem darüber, und sag allen, dass du in meinen Diensten stehst."

Nachdem eine Woche vergangen war, erkundigte sich der Schah nach der Mondenschönheit. „Ich habe sie dem Drachen übergeben", berichtete der Feldherr und meinte damit, ihr den Tod gebracht zu haben. Tränen entstürzten den Augen des Herrschers – und dem Feldherrn fiel ein Stein vom Herzen.

Er besaß ein Dorf und einen Palast mit einem Turm, der bis zum Zenit ragte und von den Wellen des himmlischen Ozeans umrauscht wurde. Auf der Galerie dieses Turmes verweilte nun Fitnä. Eines Tages kalbte im Dorf eine Kuh, und es war ein prächtiges Kalb. Jeden Tag legte Fitnä, die gazellenschöne, das Tier auf ihre Schultern und stieg Stufe für Stufe mit ihm den Turm hinauf. Dieses Ritual wiederholte sie tagein tagaus. Das Kalb wuchs und entwickelte sich in sechs Jahren zu einem mächtigen Stier. Und noch immer trug Fitnä ihn von unten empor auf die Galerie.

Einmal saß die Schönheit beklommenen Herzens mit dem Feldherrn zusammen. Vier Perlen löste sie von ihren Ohren, überreichte ihm diese und sagte: „Nimm sie und kauf dafür Schafe, Weihrauch, Rosenwasser, Süßigkeiten, Kerzen und Wein. Dann richte ein Festmahl aus mit Wein, Fleisch, den Süßigkeiten und einem Wohlgeruch, wie er durch den Paradieses-Garten der Gurien, der Jungfrauen, strömt. Wenn der Schah zur Jagd in diese Gegend kommt, laß seine Steigbügel – wie auch den Sieg – deinen Händen nicht entgleiten. Öffne deine Seele vor ihm, und empfange ihn von Herzen. Halt sein Pferd eine Weile am Zügel. Der Schah Bahram hat ein gutes Gemüt, eine Seele voller Zärtlichkeit. Hier, auf dieser Galerie, wo die Sterne auf dem Thron verweilen, werden wir ihn mit Honig und Milch willkommen heißen. Wenn dann unsre gute Tat in Erfüllung gehen wird, so werden wir beide erhöht werden."

Der Feldherr ließ die Perlen auf dem Tisch liegen. „Gott gab mir tausend solcher Edelsteine!", sagte er, ging fort und bereitete für den Empfang des Gastes aus seinen ersparten Schätzen königliche

Gerichte: Geflügel, Fleisch, Hammel und Weihrauch und Aroma-Kräuter, welche die herrschaftlichen Festmahle verschönern, sowie bestimmte Getränke und Süßigkeiten, die einer solchen Festlichkeit würdig sind.

Eines Tages begab sich der Schah Bahram in der Steppe auf die Jagd. Er ritt an einem Dorf vorüber und erblickte schöne, erholsame Gebiete, vom Grün und von Schattigkeit erfüllt.

„Wem gehört dieses Land, wer ist sein Herr?", fragte er.

Der Feldherr neigte sich zur Erde, küsste sie, sprach ein Gebet und antwortete: „O Herr, der seine Diener erfreut, dieses Dorf gehört mir, dem du es einst geschenkt hast. Das Dorf fiel mir zu wie ein Tropfen aus deinem Weinbecher, und deshalb ist es so schön. Wenn der Schah hier zu verweilen wünscht, so wird er damit mich, seinen niedrigen Sklaven, erheben. Dank der Gnade des Schahs bin ich im Besitz eines Schlosses, dessen Dach bis zum Mond reicht. Auf allen Seiten ist es von Gärten umgeben. Vor diesen Gärten ist der himmlische Garten der Sklave und das Paradies der Schüler. Wenn der Schah auf der Terrasse des Turmes Wein trinkt, so küssen vor der Türschwelle die Sterne seinen Staub. Aber der Staub des Schahs erfüllt das Haus mit aromatischem Moschus. Viel Honig erzeugen meine Bienen und die Kühe viel Milch."

Der Schah erkannte, dass sein Feldherr aus lauterem Herzen sprach und sagte zu ihm: „Dein Wille geschehe! Bereite alles vor, bis ich von meiner Jagd zurückgekehrt bin!"

Der Feldherr küsste ein weiteres Mal die Erde und ging mit frohem Herzen davon. Er schmückte die Galerie mit Teppichen und anderen Verschönerungen – wie im Paradies erschien alles.

Als der Schah von seiner Jagd zurückkehrte und auf seiner Fahnenstange der Falke den Mond erreicht hatte[1], wurde das gastli-

---

1   Eine Spitze der königlichen Regalien schmückte der goldene Falke. Hier doppelter Vergleich mit hoher Macht und hohem Mond.

che Haus mit auserlesenen Teppichen, griechischen Stoffen, seltener chinesischer Seide sowie vielen wunderschönen Waren geschmückt, deren Herrlichkeit die Seele und das Herz erquickte. All dieses legte der Feldherr zu Füßen des fast schwebenden chutalanischen[1] Pferdes, und seinen Reiter überschüttete er mit Edelsteinen.

Dann stieg der Schah Bahram die sechzig Stufen des Turmes empor und sah oben ein Gewölbe, so hoch wie der Himmelsbogen. Es glich dem Schloss Chawarnak[2]. Mit einem himmelblauen Teppich war die Gewölbekuppel ausgestattet. Der Gastgeber schmückte den Tisch mit allem Wichtigen wie: Rosenwasser, Weihrauch, Getränken und Speisen. Nachdem der Schah von dem Essen gekostet und einige Becher mit Wein geleert hatte, trat Schweiß auf seine Stirn, und er fragte: „Herr dieses goldenen Palastes, so über alle Maßen schön ist dein Haus und voller Reichtum: wie gelingt es dir mit deinen sechzig Jahren, diesen sechzigstufigen Turm emporzusteigen, dessen Spitze selbst der Himmel nur mit Hilfe eines Fangseils erreichen kann?"

Der Herr dieses Hauses gab ihm zur Antwort: „Lang lebe der Schah, möge sein Leben ewig währen. Sein Wein möge eine paradiesische Quelle sein und die Jungfrauen des Paradieses mögen ihm diesen Wein einschenken! Es ist nicht verwunderlich, dass mich diese Stufen nicht ermüden, denn ich bin ein Mann. Verwunderlich ist es aber, dass es eine junge Frau gibt mit einem Mondenantlitz, so sanft und zart wie Hermelin und die Seide des Schahs, und die es vermag, auf ihren Schultern einen kräftigen Stier zu tragen, um ihn hierher zum Füttern zu bringen. Wie im

---

1   Chutalan oder Khatlon – Gegend im heutigen Tadschikistan, dessen Reitpferde berühmt waren.

2   Das berühmte Schloss Chawarnak oder al-Ḥawarnaq befand sich in der Hauptstadt der arabischen Lachmidenherrscher al-Ḥīra, wo Bahram als Prinz seine Jugendzeit verbracht hatte.

Fluge steigt sie die sechzig Stufen hinauf, ohne sich auch nur ein einziges Mal zu erholen. Der Stier selbst ist jedoch kein Stier, er ist wie ein Elefant, der seinen Körper nicht einmal eine Meile weit schleppen könnte. Ich schwöre: keiner deiner kräftigen Krieger wäre dazu fähig, ihn auch nur einen Augenblick lang emporzuheben. Aber eine junge Frau steigt mit ihm auf ihren Schultern sechzig Stufen hinauf – ist das nicht verwunderlich – und bewundernswert?!"

„Wie ist das möglich?", rief der Schah. „Das kann nicht sein – und wenn es wahr wäre, dann ist es Zauberei! Ich glaube nicht an die Wahrhaftigkeit deiner Worte, bevor ich mich nicht mit eigenen Augen davon überzeugt habe." Und er forderte seinen Gastgeber dazu auf, das Gesagte zu beweisen.

Der Feldherr stieg hinunter und berichtete der Besitzerin des Stieres die Worte des herrscherlichen Löwen. Die Silber-Grazie wusste, wann der richtige Zeitpunkt für alles kommen würde und hatte sich im Voraus auf diesen vorbereitet. Sie kleidete sich in chinesische Gewänder und legte ihren Schmuck an. Träumerisch wie die Narzissen wurde ihr Blick, und ihre Wangen schimmerten wie Rosen. Fitnä löste ihre nach Moschus duftenden Locken, und ihren Blicken lehrte sie eine Zauberkunst, betonte mit Ssürmä[1] die Anmut ihrer Augen und verbarg doch alles, was sie auszeichnete, hinter einem lieblich-zarten Blick. Von ihrem Antlitz, flammend wie das Argawan, das Baum-Gebüsch in Judäa, wurde ihre Zypresse erleuchtet. Wie von Tulpen gekrönt erschienen ihre Wangen. Perlen schmückten die silberne Schönheit, und ein Kollier, dessen Edelsteine und Perlen wie Plejaden strahlten, erleuchtete ihr Gesicht. Fitnä löste ihre Ambra-Krone, ihre auf ihre Schultern fallenden, nach Weihrauch duftenden Haare. Ein Kollier führte sie unter ihrem Kinn und befestigte es an ihren

---

1   Ssürmä – schwarzer Kajalstift für Augen.

Ohrläppchen. Ihre schwarzen Locken und die dunklen indischen
Male auf ihren Wangen wetteiferten um den Preis der Schönheit.
Ihr Haupt umhüllte sie mit einem Sternenschleier voller Perlen,
der von allen Seiten den Mond, ihr Angesicht, verdeckte. Ja, von
diesem weißen Schleier wurde ihr Gesicht so versteckt wie in
gleicher Weise ein weißer Jasmin eine rote Rose verbirgt. In dieser
Grazie, geschmückt mit sieben Farben[1], ging sie im Zustand des
Vollmondes zu ihrem Stier, denn der Mond erringt im Sternbild
des Stieres den Ruhm. Sie beugte sich und hob den Stier auf ihre
Schultern – schaut nur, welch eine funkelnde Perle er besaß![2]

Fitnä stieg den Turm hinauf und näherte sich dem königlichen
Thron. Mit dem Stier auf ihren Schultern blieb sie vor dem Schah-
Löwen stehen. Als er den Stier erblickte, sprang er auf und erstarrte
sogleich. Sollte das sein Glück sein? Aber welchen Gewinn brachte
dieses alles, wenn er es doch nicht begreifen konnte?!

Der Vollmond nahm den Stier vom Nacken, ließ ihn nieder und
fragte schelmisch den Löwen: „Dieses bringe ich dir, dank meiner
Kraft, als Geschenk. Wird sich jemand auf der Welt finden lassen,
der diese Gabe durch seine Kraft oder Weisheit von hier oben nach
unten wird tragen können?"

Der Schah Bahram entgegnete: „Es ist nicht deine Kraft, sondern etwas, das du seit langer Zeit geübt hast. Im Laufe der Jahre
hast du dir das mit Hilfe deiner Übungen allmählich angeeignet.
Aus diesem Grunde wiegst du den Stier ohne jede Mühe auf deiner
Waage."

---

1 Sieben Schminkfarben für Haare, Augen, Augenbrauen, Wangen und Finger-
nägel.

2 Nach dem alten Glauben hält sich die Erde auf einem Stier, der auf einem Wal
steht. In den Nasenlöchern des Stieres befindet sich eine funkelnde Perle. Nachts
kommt der Stier auf das Festland und weidet bei dem Licht dieser Perle. Hier
spielt Nisami auf die Legende an.

Die Silber-Grazie neigte sich, erwies dem Herrscher die Ehrenbezeugungen und sprach: „Der Schah ist in meiner Schuld. Wie ist es möglich, einen Stier durch Übung zu heben, einen Wildesel aber ohne jede Übung zu treffen? Den riesigen Stier hebe ich auf das Dach, der Übung jedoch gebührt der Ruhm. Aus welchem Grunde darf keiner die Übung erwähnen, wenn du einen jungen Wildesel erlegst?"

Durch diesen Vorwurf erkannte der Schah seine Türkin – und stürzte wie ein Räuber auf sie zu. Er hob den Schleier vom Gesicht der Mondenschönheit und überschüttete es mit Tränenperlen. Er umarmte Fitnä und bat sie um Verzeihung, und die Rose ergoss aus ihren sehnsuchtsvollen Augen einen Tränenstrom, ihr Rosenwasser.

Der Schah entließ alle aus dem Raum und begann, mit der zauberhaften Schönen ein Gespräch von Herz zu Herz zu führen. Er sagte zu ihr: „Tausendmal und mehr bitte ich dich um Verzeihung, dass dieses Haus hier für dich zu einem Kerker geworden ist. Durch eigne Schuld habe ich das Feuer entfacht, doch ich selbst verbrannte in ihm, du aber bliebst unversehrt."

Er ließ die Ruhelose vor sich Platz nehmen. Fitnä setzte sich und sprach: „O mein Herrscher, der du den Streit beendest! O du, der durch die Trennung mir mein Leben nahm und es nun durch das Wiedersehen zu einem neuen Dasein erweckt! Möge die Sehnsucht dich verlassen, denn die Trauer kann einen Berg einstürzen lassen! Aus Liebe zu dir wollte meine Seele die Liebe zum Leben aufgeben. Als der Schah auf der Jagd Huf und Kopf des Wildesels traf, könnte nicht nur die Erde, sondern auch der Himmel für solch einen Schuss seine Hand küssen. Ich aber verzichtete auf das Lob, um vom Schah den bösen Blick abzuwenden. Denn allem, was den Augen Freude bereitet, vermag der böse Blick mit seinem Schlag Schaden zu bringen. Ich hatte aber Unglück, weil der Himmels-Drache den Schatten des Verdachts auf die Sonne warf."

Diese Worte berührten den Schah Bahram bis in das Innerste seiner Seele.

„Die Wahrheit sprichst du. Beweise sprechen für deine Treue. So tief ist deine Liebe und so aufrichtig ist deine Bitte um Verzeihung. Tausendmal soll die Perle gepriesen sein, die der Natur solch eine Güte schenkt! Diese Perle wäre vom Stein zerschlagen worden, hätte der Feldherr sie nicht bewahrt."

Und er rief seinen Feldherrn zu sich und umarmte ihn. Mit königlichen Gaben beschenke er ihn, und mit allen Ehren überantwortete er ihm die Stadt Rey[1].

Der Schah selbst kehrte in seine Stadt zurück und verbreitete überall eine freudige Stimmung.

Wie es dem Brauch entspricht, rief er die Priester des Zoroasters[2] und schloss mit der Mondenschönheit die Ehe. Mit ihr zusammen lebte er in Freude und Glückseligkeit eine endlos lange Zeit.

2020

Aus dem Diwan des Nisami

I.

Ins Herz getroffen hast du mich – doch wein' ich blut'ge
         Tränen, sage mir: warum?
Geblieben bist in meinem Herzen du – doch vor mir stehst du
         als Gestalt, o sage mir, warum?
Auf ewig bist in meinem Herzen du – wir beide aber haben nicht
         dasselbe Herz, o sage mir: warum?

---

1   Rey – alte iranische Stadt, südlich vom heutigen Teheran.
2   Zoroaster oder Zarathustra ist Gründer der uralten monotheistischen Religion Zoroastrismus in den Territorien des heutigen Aserbaidschans, Irans, Afghanistans, Pakistans und Indiens. Zoroastrismus war die offizielle Religion persischer Sassaniden-Dynastien (reg. 224–651).

Die Seele ist dieselbe ja bei uns – doch Härte zeigst du
        gegen mich, o sage mir: warum?
Ganz gleich wir auf der Liebeswaage sind – doch deine Zärtlich-
keit,
        sie ist entschwunden, sage mir, warum?
Die Zuneigung von dir verringert sich und doch vermehrt sich
        meine Liebe, sage mir: warum?
Hast du bereits vergessen, dass du einst ein wenig mich geliebt,
        o sage mir: warum?
Erinn're dich, dein treuer Freund bin ich – doch feindlich bist du
        gegen mich, o sage mir: warum?
Den andren, die aus Liebe leiden, zeigst du immer deine
        Anteilnahme, sage mir: warum?
Begegnet dir jedoch Nisami, behandelst du mit Unverständnis
        ihn, o sage, sage mir: warum?

2.
Meine Augen sind seit langem schon mit dir befreundet.
Mit so vielem Lichte deiner Blicke hast du sie beseligt.
Doch trotz allem leb ich in der Furcht, dass uns viel Böses
        noch erwartet.
Solltest du zum Feind mir werden, führ' dann einen offnen
        Kampf mit mir.
Ein Frühlingstag ist heut', an dem wir alle Knoten lösen könnten.
Lass deine Zöpfe mich entflechten – und mich dabei meine Ruhe
        wieder finden.
Vereinige doch dich mit mir in diesen Tagen!
Denn danach stehen viele Trennungs-Tage uns bevor.

3.
Jede Nacht hab' ich die Absicht, dich aus meinem Herzen
        zu vertreiben.
Doch naht der Tag, beginnt erneut zu dir die Liebe.
Mein Herz verschmilzt mit deinem, weil mit meiner Seele
        du verschmolzen bist.
Um eine neue Liebe mir zu suchen, brauche ich ein zweites
        Leben.
Ja, dir gebe ich mich hin – und jeder Morgen wird zur
        Feier mir.
In deinem Angesicht versuch ich, alles zu ergründen.
Sag' mir doch, wird dir ein Wiedersehn mit mir zu einem Fest?
Zu einem Fest, auf welchem du wie eine Perle dich mit mir
        verbindest?
Vertreibe doch in deinem Herzen diese Neigung, ach das andre
        zu verletzen.
Und wenn es dir nicht möglich, werde ich für dich in meinem
        Herzen diese Neigung löschen.
Denn mit einer solchen Neigung mag ich nicht im Streite sein.
Wenn du es befiehlst, so werd' ich wie ein Diener deines
        Pferdes Decke tragen.
Tränen meines Herzens werde ich aus meinen Augen
        fließen lassen.
Um deine Wege von Nisamis Spuren zu befreien.

4.
Wie qualvoll ist die Nacht, die ich verbringe – ohne dich.
So wehmutsvoll der Abschied, lange Zeiten – ohne dich.
An diesen Trennungsqualen du erkennst, wie sehr du mir doch
fehlst.
Dir schwör ich: keine Ruhe find' ich – ohne dich.
Dass du mich suchen würdest? Davon wag' ich nicht zu träumen.

Gibt es Hoffnung, dich zu finden? Ach, ich bleibe – ohne dich.
Dein Antlitz werde ich nicht sehen – solch ein Glück,
        ich hab es nicht.
Kein Erreichen, kein Berühren, ach mein Leben – ohne dich.
Die Vollkommenheit bist du – und ich ein Nichts vor dir.
Die Welt bist du für mich, doch ich ein Niemand – ohne dich.
Hilf Nisami doch, der dich nicht kümmert, denn er sehnt sich
        so nach dir.
In Schwermut nur schaut er die Sterne an, denn er sieht sie –
        ohne dich.

5.
Du meine lächelnde Rose, meine Zypresse mit schwebendem
Gange,
Ganz und gar bin ich der Deine, auch wenn du nicht
        die Meine bist.
Mein Herz umfasst dich, meine Seele ist dir unterworfen.
Mach alles, was du möchtest, alles doch mit ihnen.
Selbst die Angst auch vor dem Schwerte bringt mich nicht dazu,
        deine Locken loszulassen,
Bis deine Hände meinen Hals nicht wie ein Perlenschmuck
        umfassen.
Vor Durst vergehe ich beinahe, deshalb eile ich zu dir.
Denn wie ein Lebenselixier sind deine Lippen ja für mich.
Damit Achsatan, der Herrscher dieses Diwans, Krone aller
        Könige,
Auf dich stolz sein kann, so schreite majestätisch
        auf Nisami zu.

6.

Mein Herz hast du gestohlen, ausgetrunken meine Seele mir.
Doch ein andrer lebt ja wie im Paradies mit dir.
Niemals aber wirst du wieder einen finden, dessen Liebe
                meiner gleicht,
Auch wenn viele dich verehrungsvoll umgehen.
Locken hast du wie die Nacht und Wangen o wie Schalen
                voller Rosen!
Doch welche Qualen ach muss meine Treue nun erleiden!
Schenke, schenke doch dem Nisami
Ein Wiedersehen – wär es auch von kurzer Dauer nur.

7.

Vor Sehnsucht ach nach dir ist meine Seele so bekümmert.
Sowie du von mir gehst, beginnt die ganze Herzensqual.
Doch du schenkst mir nicht die Freude, wendest dich nicht um.
Kein weiteres Jahr ertrag ich deine Treulosigkeit.
Als Entschuldigung mag deine Schönheit dir wohl dienen.
Der Verliebten Los scheint ja zu sein, die Last der Schönheit zu
empfinden.
So lehre den Nisami, wie er sich in seiner Liebe sanft gedulden
kann.
Lass ihn dieses lernen, ach damit er seine Ruhe endlich finden
kann.

2021

II. ZITATE (1789–2021)

Bartholom D'Herbelot, 1789

„N a z a m i, oder N a z o m i, wie es die Perser aussprechen. Dies
ist einerlei Person mit Nadhami, welches der Beiname des Abu
Magd Ben Josef Al Motharezi, eines der berühmtesten persischen
Dichter ist, von welchem man drei sehr geschätzte Werke hat, unter denen das erste, Asrar alaschekin, die Geheimnisse der Liebenden; das zweite, Heft peigher, die sieben Quellen; das dritte Khosru
ve Schirin ist.

Die beiden letztern sind zwei persische Romane, aus welchen
wir mehrere Begebenheiten, die sich in den unsrigen befinden, genommen haben.

[Abul Magd war von Kendschah: daher wird er bisweilen Ken-
dschaui, nicht aber Kengdi, wie es Herbelot geschrieben hat, genannt.][1]“

Christoph Martin Wieland, 1796

„Das, was   H e r b e l o t   von diesem berühmten Dichter
erwähnt, ist so flüchtig, und das Verzeichniß, welches er von
seinen Schriften in der   B i b l i o t h é q u e   O r i e n t a l e
gegeben hat, so unvollständig, daß ich geneigt bin zu glauben,

---

1   Zusatz zum Artikel „Nazami“ von J. C. F. Schulz. (Anm. S. Fuchs)

dieser vortrefliche Orientalist habe die Absicht gehabt, in einem besondern Werke ausführlicher von ihm, so wie von verschiedenen andern persischen Schriftstellern, zu reden. Er blühte in dem sechsten Jahrhunderte der Mahommetanischen Zeitrechnung[1], und folgende zwey Verse aus einer Elegie des Hafiz (die sich zufälliger Weise in einer schönen Handschrift seines Divan findet) werden jetzt, glaube ich, zum erstenmahle als ein Zeugniß sowohl von unsers Dichters Vortreflichkeit als Alterthume, gedruckt angeführt:

> Ze nez' mi Nezami keh cherkh'i kohen
> Nedared chu o heech zeeba'e fekhun. d.i.

'Die Poesie des Nezami hat an Anmuth und Zierlichkeit der Sprache in dem ganzen Kreise der alten Schriftsteller ihres gleichen nicht.'"

Joseph von Hammer-Purgstall, 1818

„A b u   M o h a m m e d   B e n   J u s s u f Scheich N i s a - m e d d i n, auch M o t a r a s i genannt, von seinem Bruder dem Scheiche dieses Nahmens, aus Gendsche gebürtig, im beschaulichen Leben ein Jünger A c h i   F a r a d s c h   S e n d - s c h a n i ' s, einer der größten persischen Dichter, unerreicht in der Gattung des romantisch-epischen Gedichtes. Vier Gedichte dieser Art: C h o s r u   u n d   S c h i r i n, L e i l a   u n d   M e d - s c h n u n,   d i e   s i e b e n   S c h ö n h e i t e n,   d a s   B u c h A l e x a n d e r ' s, und ein Gedicht moralischen Inhaltes, d a s M a g a z i n   d e r   G e h e i m n i s s e, wurden nach seinem Tode unter dem Titel P e n d s c h   K e n d s c h, das ist: d i e

---

[1] Das zwölfte Jahrhundert der christlichen Zeitrechnung. (Anm. C. M. Wieland)

f ü n f S c h ä t z e, auch schlechtweg C h a m s e, der F ü n -
f e r, gesammelt. Diese Zahl ward in der Folge durch sein Beyspiel
die Vorschrift für alle später gekommene romantische persische
Dichter, die wie die cyklischen des Alterthums, das Leben und
die Thaten derselben Helden von der Geburt bis zum Grabe
durchführend, sich auch zur Hervorbringung eines F ü n f e r s
verpflichtet hielten, um mit N i s a m i würdig zu wetteifern."

Johann Wolfgang von Goethe, 1819

„Ein zarter, hochbegabter Geist, der, wenn Firdusi die sämmtli-
chen Heldenüberlieferungen erschöpfte, nunmehr die lieblichsten
Wechselwirkungen innigster Liebe zum Stoffe seiner Gedichte
wählt. Medschnun und Leila, Chosru und Schirin, Liebespaare,
führt er vor; durch Ahndung, Geschick, Natur, Gewohnheit,
Neigung, Leidenschaft für einander bestimmt, sich entschieden
gewogen; dann aber durch Grille, Eigensinn, Zufall, Nöthigung
und Zwang getrennt, eben so wunderlich wieder zusammenge-
führt und am Ende doch wieder auf eine oder die andere Weise
weggerissen und geschieden.

Aus diesen Stoffen und ihrer Behandlung erwächst die Erre-
gung einer ideellen Sehnsucht. Befriedigung finden wir nirgends.
Die Anmuth ist grofs, die Mannigfaltigkeit unendlich.

Auch in seinen andern, unmittelbar moralischem Zweck
gewidmeten Gedichten athmet gleiche liebenswürdige Klarheit.
Was auch dem Menschen Zweideutiges begegnen mag, führt
er jederzeit wieder ans Praktische heran und findet in einem
sittlichen Thun allen Räthseln die beste Auflösung.

Uebrigens führt er, seinem ruhigen Geschäft gemäfs, ein ruhi-
ges Leben unter den Seldschugiden und wird in seiner Vaterstadt
Gendsche begraben."

Heinrich Heine, 1824

„O Firdusi! O Dschami! O Saadi! wie elend ist Eur Bruder! Ach! wie sehne ich mich nach den Rosen von Schiras! Deutschland mag sein Gutes haben, ich will es nicht schmähen. Es hat auch seine großen Dichter: Carl Müchler, Clauren, Gubitz, Michel Beer, Aufenberg, Theodor Hell, Laun, Gehe, Houwald, Rückert, Müller, Immerman, Uhland, Göthe. Aber was ist alle ihre Herrlichkeit gegen Hafis und Nisami."

Joseph von Hammer-Purgstall, 1842

„Durch ein unerklärliches Versehen steht im Dschihannuma, dass Kum der Geburtsort Nisami's, des Verfassers des Chamse, sei, welcher zu Gendsche geboren, auch dort begraben liegt."

Wilhelm Bacher, 1871

„Die Stellung Nizâmi's in der persischen Literatur, sein Einfluss auf die spätere Entwickelung derselben ist im Allgemeinen hinlänglich bekannt. Wie er selbst von Firdôsî abhängt, ist hier nach seinem eigenen Zeugnisse dargelegt worden. Eingehendere Vergleichung dürfte auch eine Abhängigkeit des nächsten grossen Dichters, Sa'd î's, von ihm beweisen. Denn das Gebiet, in dem dieser die Palme davontrug, die didaktische Poesie, war auch Niz., dem Verfasser des Mahzan-alasrâr, heimisch. Auch war dieses Werk der Vorläufer ähnlicher didaktischer Dichtungen, sowie seine epischen Gedichte Musterbilder für die romantisch-epische Poesie der Perser wurden. Sein Fünfer wurde das Vorbild für viele andere, von den hervorragendsten Dichtern verfasste, und auch einzelne Werke gaben Stoff zu zahlreichen Nachbildungen.

Auch auf die türkische Poësie hatte er Einfluss, da einer ihrer bedeutendsten Träger Mîr 'Alî Schîr ihn als Muster verehrte. Auch ist sein Fünfer in's Türkische übersetzt worden.

Die Anerkennung, welche Nizâmi schon zu Lebzeiten gezollt wurde, ward es noch in höherm Masse nach seinem Tode. Kazwini, auch sonst in der persischen Literatur bewandert, widmet ihm eine längere Stelle seiner Kosmographie und nennt ihn einen „wunderbaren, kundigen, weisen Dichter". Dauletschâh ist noch verschwenderischer in Lobesausdrücken und der jüngste einheimische Literarhistoriker, Luṯf 'Ali Beg in seinem Âteschgedah nennt ihn eine der vier „Säulen der Beredsamkeit und Bildung" neben Firdôsî, Enwerî und Sa'di.

Mehr wiegen die Worte, mit welchen sein Andenken die drei grössten Dichter ehrten, welche nach seinem Tode in der persischen Literatur entstanden. Sa'di singt:

> Hin ist unser Nizami, die edle Perle. Der Himmel
> Schuf sie aus reinstem Thau, schuf sie zur Perle der Welt.
> Stille glänzete sie, doch unerkannt von den Menschen;
> Darum legte sie Gott sanft in die Muschel zurück.

Bei Ḥâfiz heisst es:

> Das Lied des Nizami, dem unterm alten Himmel
> Kein Wort an Schönheit je sich zu vergleichen wagt.

Und der letzte grosse Dichter Persiens weiht ihm in dem lieblichen Geisteskinde seines hohen Alters, in Jûsuf und Zuleicha, folgende wehmütige Verse der Erinnerung:

> Wo weilt Nizami, wo sein holdes Lied,
> Des zarten Geistes anmutvolles Spiel?
> Ach, in den Vorhang zog er sich zurück
> Und ausser'm Vorhang weilt der Dichter Schaar!

Kein Segen sprosst, seitdem er sich verbarg,
Als aus dem Wort, das er mit sich geführt.
Doch kennt nur Jener das geheime Wort,
In dessen reines Herz die Gottheit stieg.
Er wallte, ach, aus dieser Erdenschlucht
Hinüber in des weiten Tempels Raum,
Und Ekel fühlend vor der Thoren Wahn
Ruht er nun an des Himmelsthrones Saum.
Rein ist sein Inn'res von der Vielheit Bild,
Weil die geheime Einheit ganz es füllt."

Hermann Ethé, 1887

„Nizâmî hatte einsehen gelernt, daß es nicht die Aufgabe eines wahren Dichters sein kann, Moral zu predigen oder Glaubenssätze zu lehren, sondern sich liebevoll in die Irrgänge des menschlichen Herzens zu vertiefen und der Welt einen klargeschliffenen Spiegel vorzuhalten, in dem sie sich selbst mit allen ihren Tugenden und Lastern, ihren Leiden und Freuden, ihren Siegen und Niederlagen erkennen kann."

Julius Hart, 1887

„Zu ihrer Höhe führt die Kunst dieses Zeitalters Nizami empor, der, zurückgezogen vom Treiben der Panegyriker, das stille Leben auf einem Landgütchen den berauschenden Festlichkeiten, den Ehren und Belohnungen der Höfe vorzog. Der romantisch-phantastische Geist des Jahrhunderts findet in seinen Werken die edelste Verkörperung. Die Welt Firdusis ist zugrabe getragen; der kraftvolle Nationalismus, das männlich Heroische findet bei dem weichlicheren Geschlecht keinen Boden mehr. Nizami ist nicht kernhaft heimatlich, die Liebe und das Verständnis für das Alte, der naive Glaube an die Vergangenheit und Zukunft des Volkes geht ihm ab. Mehr als Krieg und Schlacht begeistern ihn Märchen- und Liebesgeschichten, und er versenkt sich in die bunte krause Phantastik der alexandrinischen Romanschriftsteller, in die heitere und tragische Idyllik der arabischen Legenden. Wir atmen etwas vom Geist der europäischen Ritter-, Schäfer- und Hirtenpoesie. Nizami ist der Tasso der Perser, ein sympathischer, gesunder und tüchtiger Romantiker."

Theodor Nöldeke, 1890

„Ganz anders als Firdausî stellt sich der ebenfalls hoch berühmte persische Dichter *Nizâmî* in seinem 1191 verfassten, in zwei Theile zerfallenden Alexanderepos zu der alten Ueberlieferung. Er ist ein reflectirender Dichter, kein epischer Erzähler. Es kommt ihm gar nicht auf Einheitlichkeit des Stoffes an; er giebt zuweilen selbst mehrere abweichende Darstellungen derselben Sache und lässt dem Leser die Auswahl oder entscheidet selbst. [...]

Ein Hauptunterschied von Firdausî ist, dass sich bei Nizâmî, der in Arrân, an der Gränze der îrânischen Welt geboren war und lebte, und zu dessen Zeit die Türken definitiv Herren von Îrân geworden waren, keine Spur mehr von dem îrânischen Nationalgefühl, noch gar von der Sympathie für die alte Religion zeigt, die bei dem grossen Epiker so stark hervortreten. Sein Alexander, ein Anhänger der ‚Religion Abraham's‘, zerstört die persischen Tempel, vernichtet die heiligen Bücher und die heiligen Feuer, und bringt die Priester massenhaft um [...], und das rechnet ihm der Dichter zum hohen Verdienst an. Uebrigens hat er von der zoroastrischen Religion ganz unklare Vorstellungen. Wiederholt erwähnt er die persischen ‚Götzentempel‘. Und wenn er von den Mädchen in diesen spricht, so beruht das zwar in letzter Instanz auf Pseudocallisthenes 2, 21 [...], aber ein Perser hätte doch so etwas nicht sagen sollen."

Johannes Scherr, 1899

„Der Hauptglanz dieser Litteraturperiode aber ging aus von N i s a m i (eigentlich Abu Mohammed Ben Jussuff Scheich Nisameddin, genannt Montanasi, gest. 1180 in seiner Vaterstadt Gendsche), der zwar auch als Lyriker so fruchtbar war, daß er einen Diwan von etwa zwanzigtausend Versen hinterließ, seinen Ruhm jedoch vornehmlich durch die fünf Werke gründete, die nach seinem Tode unter dem Gesamttitel P e n d s c h K e n d s c h , d. i. die fünf Schätze, (auch einfach C h a m s s e , d. i. Fünfer genannt) zusammengestellt wurden. Diese fünf Werke sind: 1) M a c h s e n o l - e s r a r , d. i. Magazin der Geheimnisse, ein moralisierendes Werk, dessen Lehrsätze durch Anekdoten belegt werden; 2) I s k a n d e r n a m e , d. i. Alexanderbuch, eine Art panegyrischer Epopöe, aber nicht von der Kraft der Darstellung im Schahname Firdusis; 3) C h o s r u u n d S c h i r i n ; 4) L e i l a u n d M e d s c h n u n (der Orlando furioso der Wüste); 5) H e f t p e i g e r , d. i. die sieben Schönheiten. Die drei zuletzt genannten Werke sind der Triumph der persischen Romantik, und es ist Nisami besonders hoch anzurechnen, daß er in diesen Dichtungen das Weib, welches sonst in der mohammedanischen Welt eine nicht eben glänzende Rolle spielt, in seine Rechte einsetzte. Nisamis Liebesgeschichten blenden daher nicht allein durch eine anmutige Phantastik, sie spannen auch durch meisterlich ersonnene und bedachtsam durchgeführte Verwickelungen und ergreifen und rühren unser Gemüt durch das rein menschliche Gefühl, welches in ihnen quillt. Nisami ist einer der wenigen Orientalen, die ebenso sehr zu dem Herzen als zu der Einbildungskraft sprechen."

Paul Horn, 1901

„Seine 'fünf Schätze' vereinigte Nizâmî zu einem 'Fünfer' und führte damit einen Brauch ein, der nachmals häufig nachgeahmt worden ist. Überhaupt ward Nizâmî das Vorbild für die gesamte spätere Romantik."

Hellmut Ritter, 1927, 1934

„Nun gibt es ja derartiges in andrer Dichtung auch, aber durch den unendlichen Reichtum an Metaphern, mit dem Niẓāmī schaltet, bekommt sein Stil eine Bildhaftigkeit, die doch ihresgleichen sucht."

1927

„Das Liebesleben nimmt in der Dichtung Nizâmî's einen breiten Raum ein, und zwar sowohl in seiner zartesten und keuschesten wie in seiner sinnlichen Form. 'Nizâmî ist der Klassiker der poetischen erotischen Erzählung in der persischen Literatur, unerreichtes Muster und Vorbild für Generationen von Dichtern nach ihm.' Gerade in diesen Liebesgeschichten aber offenbart sich nun deutlich ein zweiter, sehr wesentlicher Zug des Nizâmîschen Ethos, der seiner Aufgeschlossenheit für die Fülle menschlichen Erlebens zum ordnenden Maass und zur verpflichtenden Grenze, für seine Helden aber zugleich zum Wegweiser aus der Verirrung und zum Retter aus der Verwirrung wird: seine tiefe und echte Frömmigkeit. Diese Frömmigkeit tritt bei ihm, wie schon eingangs angedeutet, keineswegs vordringlich und von vornherein negierend und einengend auf; erst am Schluss verschlungenen und verwirrten Geschehens tritt sie als der rettende Halt, als der richtige Weg, der allein mögliche Ruhepunkt in aller Unruhe, gleichsam wie von selbst hervor."

1934

Georg Jacob, 1934

„Wie in den persischen Miniaturen, so wirkt auch in Niẓâmîs Epik der Mensch mehr dekorativ. Tragische Konflikte, wie sie das Nibelungenlied, Walthari und hier und da auch noch das Schâhnâme behandelt, kennt er kaum. Die Freude gilt dem Geschehnis, dem Abenteuer, dem Gepränge, dem Schlachtlärm und Lebensgenuß, die der Hörer mitempfinden soll. Die Kämpfe werden immer mit großer Lebendigkeit, die sie umrahmenden Sonnenauf- und -untergänge mit stets neuen, aber unter sich verwandten Bildern geschildert. Die Naturgegenstände erscheinen in den Vergleichen durchaus beseelt, doch nur in den G e f ü h l e n vermenschlicht, nicht in der G e s t a l t wie bei den Griechen und ihren Nachtretern. Der Held verdankt den Sieg nicht eigener Kraft, sondern dem, was in den Sternen geschrieben steht, nach deren Stand er sich richtet; für den Erfolg dankt er in tiefster Demut dem Schöpfer; an den Gefangenen übt er ritterliche Großmut."

Rudolf Gelpke, 1957-1959

„Was man bei uns in Europa an orientalischen Dichtern und ihren Werken kennt, ist noch immer sehr wenig. Dies gilt ganz besonders für Persien, und doch sind die Perser eines der poetisch begabtesten, an Erbe und Erinnerung reichsten Völker der Erde.

So seltsam es scheinen mag: was uns den Zugang zu dieser Dichtung am meisten erschwert, das ist ihr ungewöhnlich hohes Niveau. Es ist nicht möglich, die Meisterwerke der persische Literatur – etwa die großen Versromane eines Nizami oder Dschami, die Lyrik eines Hafis, eines Sa'di – in eine andere Sprache zu übersetzen, ohne das vollkommene, „zitternde" Gleichgewicht von Inhalt und Form, die wunderbare Harmonie zwischen Wortklang und Wortsinn, das raffinierte Spiel mit vielschichtigen Bildern, wobei Künstler und Kenner sich insgeheim zulächeln, ganz oder doch teilweise zerstören zu müssen."

1957

„Nizami. Der bedeutendste romantische Dichter Persiens. Er lebte 1141–1202/03, immer in seiner Heimatstadt Gendsche, die er so wenig je verließ wie etwa Hafiz Schiraz. In seinen großen Versromanen, die in Europa zu Unrecht noch kaum bekannt sind, gestaltet er mit höchster Sprachkunst und psychologischer Meisterschaft Stoffe aus der persischen und arabischen Sagenwelt."

1958

„Es ist ein zum vorneherein aussichtsloses Unterfangen, Nizami Wort für Wort übersetzen zu wollen. Die unvergleichliche Schönheit der Verse und Bilder – die gebunden bleibt an die persische Sprache und zum Teil sogar an die Wortmusik der Rezitation – wird ja doch zwangsläufig durch die Übertragung zunichte gemacht; durch solche 'wörtliche Übersetzungen' geschieht dem Dichter bitteres Unrecht, denn sie verhalten sich zum Original wie die Überreste aufgespießter Schmetterlinge zum lebendigen Falter."

1959

Jan Rypka, 1959

„Die Geschichte Kaukasiens und Irans und ebenso ihr Kultur-leben sind im 11./12. Jh. eng miteinander verknüpft. Obwohl die großen Seldschukenherrscher sich bemühten, Transkaukasien der Zentralverwaltung des Reiches anzugliedern, gelang es ihnen mit ihrem starken Staatsapparat nicht, die heimischen Feudal-kräfte dauernd niederzuhalten und den Zerfall des Gebietes in unabhängige Fürstentümer zu verhindern. Die Feudalverhältnisse Transkaukasiens standen Europa bedeutend näher. Von der hohen Kultur zeugt untrüglich die Dichtung. Nicht genug daran, daß es kaukasisch-aserbaidschanische Literaten und Gelehrte in Hülle und Fülle gab – noch bedeutsameres Gewicht ist auf ihre Eigenart zu legen. Nicht ein und dasselbe Jahrhundert, sondern gerade diese Eigenart ist die Ursache einer Zusammenfassung in eine selbständige Gruppe, die eigentlich schon mit Qaṭrān hätte beginnen sollen. [..] In ihrer Ausdrucksweise, der Wortwahl und Wortzusammenstellung treten uns einige Charakteristika entgegen, die bei den ostiranischen Dichtern entweder gar nicht oder nicht allgemein genug vorhanden sind. Damit soll durchaus nicht behauptet werden, daß es zwischen dieser Schule und den chorasanischen Dichtern des 5./11. Jh. sowie den bucharischen Dichtern des 4./10. Jh. keinen Zusammenhang gäbe (zum östli-chen Iran des 6./12. Jh. ist das Verhältnis schon loser). Sind doch sämtliche Richtungen einer Wurzel entsprungen, waren dann aber den örtlichen Einwirkungen unterworfen. Mit Ausnahme Niẓāmīs bemächtigt sich die Lyrik, insbesondere die Qaṣīde, ob nun die lobpreisende oder die spöttische, der gesamten dichterischen Produktion; sie steht durchaus im Lohnverhältnis der Höfe und wird vom Sufismus und von seiner Kritik der feudalen Gesellschaft, einer Kritik, welche vom Gesichtspunkte jener ausgeht, die in die Einflußsphäre der Herrschenden gelangten und ebendadurch ihre Enterbung desto unmittelbarer fühlen, nur oberflächlich gestreift. Obwohl hier von allzu spezifisch sufischer Literatur nicht recht die Rede sein kann, gestattet gerade die sufische Maske den Dichtern, Urteile auszusprechen, die unter normalen Umständen unmöglich wären. Unter dem Einfluß des Sufismus, d. h. der städtischen Klassen, erfreut sich das Ghasel stets größerer Beliebtheit (Ḥāgānī, Niẓāmī). Eine komplizierte Technik ist eine der hervorstechendsten Eigenschaften der transkaukasischen Schule. Unter dem wachsenden Einfluß der Städte verläßt ab und zu die Thematik die Sphäre der Hofwelt. Die Sprache verzichtet auf Archaismen, schöpft aber desto tiefer aus dem arabischen Wortschatz. Sogar die bodenständige Folklore macht sich bemerkbar. Diese Unterschiede haben auch einige persische Gelehrte der Neuzeit empfunden und ihren Trägern einen gesonderten Platz eingeräumt. Mit ungemeiner Sorgfalt untersuchte sie Je. E. Bertel's, von dem ich mit Dank eine Reihe ebenso feiner wie origineller Beobachtungen übernehme. Man hat daher die kaukasischen und aserbaidschanischen Panegyriker in ein besonderes Kapitel einzubeziehen; sie bilden in drei Generationen eine festumrissene Gruppe von Lehrern und Schülern, deren einer als Großmeister der Qaṣīde die Entwicklung dieser Dichtungsgattung mächtig beeinflußte. Zu ihnen gehörte der glänzendste Poet Aserbaidschans, der Romantiker Niẓāmī. [...]

Der Anstieg der panegyrischen Qaṣīde bis zu ihrem Gipfelpunkt ist nicht der einzige Anspruch auf den Ehrenplatz, den der südliche Kaukasus in der neupersischen Literatur einnimmt; gab doch dasselbe Aserbaidschan ihr und der ganzen Welt

den glänzendsten Dichter des romantischen Epos – I l y ā s
b . Y ū s u f N i ẓ ā m ī (*in Gandsche), einen Meister ‚hors
concours' des Gedankens und des Wortes, dessen Frische und
Durchschlagskraft auch viele Jahrhunderte nicht zu verwischen
vermocht haben."

Rudolf Gelpke, 1963

„Unter den klassischen Liebespaaren des islamischen Orients sind
Leila und Madschnun zweifellos das berühmteste. Diese beiden
kennt und nennt man noch heute wie eh und je in Liedern, Gedichten, Geschichten und Epen der verschiedensten Völker und
Sprachkreise vom Kaukasus bis ins Innere Afrikas, vom Atlantik
bis an den Indischen Ozean. [...] Nizami war es, der die verstreu-
ten und uneinheitlichen arabischen Überlieferungen erstmals zu
einer großen, in sich geschlossenen Dichtung, einem Epos, verwo-
ben hat. [...]
Diese Geschichte, in Einzelheiten jeweilen variiert, wurde
besonders zwischen dem 8. und 10. Jahrhundert von zahlreichen
arabischen Philologen, Literaten, Historikern, und sogar Geogra-
phen überliefert. Nizami hat das äußere Gerüst der Handlung von
ihnen übernommen, allerdings mit einigen nicht unbedeutenden
Änderungen und Zusätzen [...] – all das (sowie natürlich die ein-
gestreuten Geschichten und Meditationen) ist in den arabischen
Quellen *nicht* oder nur andeutungsweise zu finden.
Nun dürfen wir in diesem Zusammenhang eines niemals vergessen: das Epos, der Versroman – der in der klassischen Dichtung
der Perser eine so wichtige Rolle spielt – fehlt in der arabischen
Literatur völlig. Die Absicht der frühen arabischen Autoren be-
stand nicht darin, ein Kunstwerk von der Art Nizamis zu schaffen, sondern die Verse, die Madschnun gedichtet hatte (oder ha-

ben sollte), zu sammeln und zu kommentieren und sie, zusammen mit möglichst vielen Nachrichten über ihn, seinen Namen, seine Herkunft und sein Leben, wiederzugeben. [...] Die Erzählung von Leila und Madschnun war in jenen ersten Jahrhunderten ein Gegenstand der Wissenschaft, und als erster hat es Nizami unternommen, den unglücklichen Beduinendichter selbst in den Mittelpunkt einer Dichtung zu stellen. [...]

Was man dagegen in künstlerischer Hinsicht sehr wohl vergleichen konnte – und sollte –, das sind die von Madschnun überlieferten arabischen Verse mit den persischen, die Nizami und die bedeutendsten seiner Nachahmer (Maktabi, Dschami, Hatefi) ihren Helden sprechen lassen. Dabei müßten wir aber stets in Betracht ziehen, daß für den Araber das einzelne Gedicht für sich allein steht, während die Madschnun-Verse im persischen Epos umgeben und abhängig sind vom größeren Ganzen."

Annemarie Schimmel, 1963

„1824 erschienen im ‘Frauentaschenbuch’ einige Partien aus Nizāmīs ‘Iskendernāme’, die man zu Rückerts frühesten echten Übertragungen aus dem Persischen rechnen muß; es handelt sich um die Einleitung, Alexanders Zusammenstoß mit den ‘Zenken’, d. h. Afrikanern, und um seinen Kampf mit Darius, im ganzen rund 800 Verse.

Seltsamerweise hat sonst der große romantische Epiker Persiens (1141–1209) Rückert nicht zur Übertragung anregen können; noch fehlten freilich in Europa zuverlässige Textausgaben, und Rückert konnte die vollendete Schönheit der anderen großen Epen der ‘Fünfersammlung’ noch nicht erkennen, wiewohl Hammer das Epos ‘Chosrau und Schīrīn’ zur Grundlage seiner ‘Schirin’ (1809) gemacht hatte und das den ‘Haft Paikar’ zugehörige Turandot-Motiv schon im 18. Jahrhundert bekannt war und Schillers gleichnamiges Drama angeregt hat. Das 'Iskendernāme' ist das lehrhafteste, philosophischste von Nizāmīs Epen und kam so Rückerts didaktischer Neigung entgegen. Als solches hat das Werk auch eine wichtige Quelle für 'Weisheit des Brahmanen' gebildet; die Göttinger Nizami-Hs. (Lagarde 129) zeigt noch mit feinen Strichen die Verse, die Rückert in seinem großen Lehrwerk verarbeitete. In anderen Sammlungen (Brahmanische Erzählungen, Erbauliches und Beschauliches) sind ebenfalls hie und da Verse aus dem genannten Epos eingestreut."

Johann Christoph Bürgel, 1974

„*Die Schatzkammer der Geheimnisse* (maḫzan al-asrār) ist das erste jener fünf Epen, die als *Die fünf Schätze* (*panǧ ganǧ*) oder das *Quintett* (*ḫamse*) in die persische Literaturgeschichte eingingen. Über Nizamis (gest. 1209) Bedeutung als Epiker braucht hier kaum etwas gesagt zu werden. Die zahlreichen Nachahmungen seines Quintetts oder einzelner seiner Epen in verschiedenen islamischen Sprachen, die Lobsprüche orientalischer und abendländischer Gelehrter, die ihm zuteil wurden, sprechen für sich. Stellvertretend für viele andere sei das Urteil des besten Nizami-Kenners unseres Jahrhunderts, des russischen Iranisten E. E. Bertels in Übersetzung angeführt: *Ilyās ibn Yūsuf Niẓāmī Genǧewī gehört zu den bedeutendsten Dichtern nicht nur Azerbaidschans, sondern des gesamten Vorderen Orients. Er ist einer der gewaltigsten Meister des Wortes in der Welt. Wenn die Schöpfungen Nizamis nicht die ihm zukommende Verbreitung in weiteren Lesekreisen gefunden haben, so nur deswegen, weil es äußerst schwierig ist, seine virtuose Beherrschung des Verses (in andere Sprachen) zu übertragen.*"[1]

---

1   E. E. Bertel's Nizami. *Tvorčeskij put' poeta*, Moskwa 1956, S. 5 (Anm. J. C. Bürgel)

Friedrich Ohly, 1982

„Ehe der christliche Westen vom deus geometra erst im 13. Jahrhundert wieder weiß, ist inzwischen ein Denkmal aus dem Orient zu betrachten. Der Islam scheint ein Geometrieren Gottes auch zu kennen. Der in Aserbeidschan dichtende Fürst der persischen Epiker Nizami führt in seinem 1180/81 geschriebenen Versepos über die großen Liebenden 'Chosrou und Schirin' im Sinne der Läuterung des Liebesgeschehens über eine von tiefen Einsichten gesteigerte Erfüllung am Ende fort zu einem Gipfel in Gestalt von aus dem Irdischen erhebenden Weisheitslehren aus den Schatzkammern des Aussagbaren auch über das Weltgeheimnis. Nach der Herrscherunterweisung durch den als 'Hoffnung der Menschheit' befragten Weisen Bozorg-Omid über Hiesiges und Jenseitiges tritt der 'Weise Nizami' als Dichter aus dem Erzählen zu einer Endunterweisung über den Welturspung heraus. Die Verkünder der Tafeln der Weisheit im Epos sind der Dichter und der fromme Weise, nicht die Stimme des Propheten. Denn von diesem gilt: 'Er spricht nicht über Gestirne und Sphären, denn diese sind Gemälde, und er ist der Schüler des Malers'."

Johann Christoph Bürgel, 1986, 1997

„Ilyas ibn Jusuf Nizami, der große persische Dichter, der zurückgezogen in seiner Heimatstadt Gendsche (heute Kirovabad in Sovjetisch-Asarbaidschan) lebte (1141–1209), nie eine größere Reise machte, an keinem Fürstenhof diente, war doch einer der bedeutendsten Geister, nicht nur seiner Epoche, sondern der persischen Dichtung, des islamischen Orients überhaupt.

Seine Bedeutung erkannte bereits seine eigene Zeit, wie allein daraus erhellt, das schon sein zweites Epos 'Chosrou und Schirin' der Seldschukenfürst Toghrul II. im rund 700 km entfernten Hamadan in Auftrag gab. Und das Bewußtsein von dieser Bedeutung blieb auch in den folgenden Jahrhunderten lebendig. Kein anderer persischer Dichter wurde so oft nachgeahmt wie Nizami. Seine fünf Epen, kurz Chamse, 'Die Fünf', genannt, wurden zum Vorbild ganzer Generationen nicht nur persischer sondern auch türkischer und hindustanischer Dichter; doch seine Größe scheint nie wieder erreicht worden zu sein. Seine Dichtung zeichnet sich durch ihre vollendete Sprachkunst, die gewaltige Fülle kühner Metaphern, die souveräne Umgestaltung tradierter Stoffe, durch ihre Gedankentiefe, sorgfältig geplante Erzählstruktur und überzeugende Charakterschilderung, sowie schließlich durch eine ständig wache, engagierte Humanität aus."

1986

„In Nizamis Werk vereinigen sich Fabulierfreude, Einfallsreichtum und poetische Imagination mit raffinierter Sprachkunst, Gedankentiefe, subtiler Einsicht in die menschliche Psyche und hohem Ethos der Gesinnung. Goethe hat ihn einfühlend richtig charakterisiert, wenn er ihn einen 'zarten, hochbegabten Geist' nannte, der 'die lieblichsten Wechselwirkungen innigster Liebe zum Stoffe seiner Gedichte wählt'. 'Die Anmut ist groß, die Mannigfaltigkeit unendlich'. Überall 'atmet gleiche liebenswürdige Klarheit', attestiert der Weimarer Meister seinem Kollegen aus dem Kaukasus. Das sind Lobesworte, wie sie in dieser Gesamtheit nur auf wenige Poeten anwendbar sind. Auf Nizami aber treffen sie ganz und gar zu, wenn man den Begriff der Klarheit nicht auf den einzelnen, oft äußerst komplizierten Vers, sondern auf die schöpferische Gestaltung des intendierten Sinn- und Symbolgehalts bezieht. Das treffende Urteil Goethes ist dabei um so erstaunlicher, als er nur einige wenige Proben aus Hammers

Karl Richter, 1998

bereits erwähnter 'Geschichte der schönen Redekünste Persiens' kannte."

1997

Karl Richter, 1998

„Nisāmīs Dichtung bedeutet einen Wendepunkt innerhalb der persischen Epik. Er bemühte sich um die Einführung einer lebendigen Sprache ins Epos, die den archaischen Stil ablöste. Dabei verliert das Epos seinen heroischen Charakter, während das psychologische Moment an Bedeutung gewinnt."

Wilfried Fuhrmann, 2021

„Nizami hat insgesamt ca. 20.–28.000 lyrische Gedichte, Verse und Oden in Form zweizeiliger Strophen (Distichen) geschrieben. Sie sind in seinem Werk 'Diwan' zusammengefasst. Uns sind nur ca. 100 Verse bekannt, allerdings ohne Kenntnis der Damen, an die sie gerichtet waren. Auch Hölderlin, Schiller und Goethe haben Distichen verfasst. Dabei nimmt Goethe (1749–1832) nach der Lektüre u.a. von Arbeiten des persischen Dichters Hafez (1315–1390), der alle Epen von Nizami kennt, bzw. der nach Entdeckung derartiger Literatur aus dem Orient (Weltliteratur gemäß seiner Wortschöpfung) in seinem Spätwerk 'West-Östlicher Diwan' (1819 bzw. 1827) eine neue Sicht und Perspektive ein und schafft einen Mix aus Orient und Okzident. Er sieht keinen Gegensatz, sondern die Chance eines fruchtbaren künstlerischen Wettbewerbs, denn Okzident und Orient gehören zusammen, so wie für viele Deutsche u.a. auch bei Lessing. Denn das ist Weltliteratur. Es ist der größte Gegensatz u.a. zu Rudyard

Kipling (1885–1936) und den Kolonialpolitikern in europäischen Ländern, für die Orient und Okzident bzw. Ost und West unüberbrückbar nie zusammenkommen werden, weil sie auf der Ebene dominanter Macht- und Geopolitik sowie kultureller Überlegenheit argumentieren. Es kann aber auch kein derartiger Gegensatz bestehen, da Teile der Identität eines jeden Volkes in Europa orientalisch-asiatischen Quellen entsprungen sind.

Nizami und Goethe, ersterer nur sehr viel früher, waren beide bis zu ihrem Lebensende als große Individuen gleich neugierig und wissensorientiert sowohl in den Natur- als auch den Geisteswissenschaften. Beide suchten stets tiefere, 'göttliche' Erkenntnis oder ausgedrückt mit dem letzten Wunsch bzw. den letzten zwei Worten Goethes 'mehr Licht'.

Nizami ist mit seinem Werk ein nationales Kulturgut Aserbaidschans und zugleich ein supranationales der Welt. Damit es weiter zwischen uns lebt und wirkt, genügt es nicht, dass Fachwissenschaftler es zunächst lesen und erforschen, um ihre Ergebnisse dann zu repräsentieren. Es muss von einem breiteren Publikum/Kreis gelesen und verstanden werden. Die Voraussetzung dafür schaffen das Elternhaus und der Kultur- und Literaturunterricht in den Schulen sowie Seminare an Universitäten, allerdings nicht in Form von Diskursen mit Injektionen von Ideologie sowie Weltanschauung, sondern in Form von fachfähigen sowie begeisterten und begeisternden Lehrkräften und Professoren."

III. ESSAYS (1997—2021)

Johann Christoph Bürgel

Nizami

Wirkungsgeschichte

Nizami ist einer der bedeutendsten, wenn nicht der bedeutendste
Vertreter der mittelalterlichen persischen Epik, und darüber hinaus einer der großartigsten Dichter des islamischen Kulturkreises.
Er zählt zu den überragenden Geistern der Weltliteratur und damit
der Menschheitsgeschichte. Zahlreiche Dichter in Persien, in der
Türkei und im Indien der Moghul-Zeit haben seine Epen nachgeahmt, keiner aber hat ihn nach heutiger Kenntnis der Lage über-
troffen oder auch nur das Vorbild erreicht. Aber auch im Abendland ist Nizami seit langem kein Unbekannter mehr. 1697 wurde sein Name vermutlich erstmals in Europa genannt: Barthélemy
d'Herbelot nannte ihn in seiner „Bibliothéque Orientale", einer
Vorläuferin der heutigen „Enzyklopädie des Islam". 1775 machte
Jean-Jacques Rousseau sich Notizen über Nizami, und 1819, ein
Jahr nachdem Joseph Hammers auch Nizami behandelnde „Geschichte der schönen Redekünste Persiens" erschienen war, zeigt
sich Goethe im „Westöstlichen Divan" wohlvertraut mit dem Namen und der Wesensart des Dichters.

Seitdem haben sich, wie schon erwähnt, Gelehrte verschiedener
Nationen mit Nizami befaßt, sein Werk ist durch Übersetzun-

gen und Bearbeitungen in alle großen europäischen Sprachen einem breiteren Lesepublikum zugänglich gemacht worden. Die Bedeutung dieses Werkes ist freilich nur vor dem Hintergrund der vorausgehenden literarischen Entwicklung in Persien zu verstehen. Es soll daher zunächst ein kurzer Einblick in die Geschichte der persischen Epik vor Nizami gegeben werden.

Persische Epik vor Nizami

Wenn wir von persischer Epik reden, so ist damit ausschließlich erzählende Dichtung in Versen gemeint; ein Genus, das sich in der arabischen Literatur, von der die persische sonst manches übernahm, kaum entwickelt hat. In Persien hingegen blühte es im Zuge der kulturellen Befreiung von der arabischen Bevormundung vom 10. Jahrhundert an auf und erreichte bereits mit dem berühmten und umfangreichen, um das Jahr 1000 vollendeten *Shāhnāma* oder „Königsbuch" des Firdousi (934–1020) einen ersten gewaltigen Höhepunkt. Das persische Heldenepos war damit geboren; mit einem Meisterwerk, einem gigantischen Erstling, dem im Bereich der auf das „Königsbuch" folgenden umfangreichen persischen Heldenepik nichts Gleichrangiges zur Seite steht. [...]
Neben Firdousi lebten und schrieben andere Dichter und legten den Grundstein für zwei weitere wichtige Gattungen der persischen Epik, das romantische Epos (mit einer Liebesgeschichte im Zentrum) und das von erzählenden Einlagen illustrierte lehrhaft-erbauliche Epos. Als Beispiel für ersteres sei das um 1050 entstandene höfische Epos „Wis und Ramin" von Fachruddin Gurgani genannt, das gewisse inhaltliche Parallelen zu „Tristan und Isolde" aufweist und daher eine zeitlang als Quelle des berühmten Sagenstoffes betrachtet wurde –, eine These, die nur noch wenige Verfechter findet. Gurganis Erwähnung an dieser Stelle liegt aber auch darum nahe, weil sich Nizami in seinem

zweiten Epos „Chosrou und Schirin" mit der ihm unmoralisch erscheinenden Liebesauffassung seines Vorgängers auseinandersetzt. Beispielhaft für das lehrhafte Epos sei das stark mystisch geprägte Epos „Der Garten der Wahrheit" (*Hadiqat ul-haqiqa*) des in Ghazna wirkenden Dichters Sana'i genannt, der 1141, im Geburtsjahr Nizamis, verstarb. Auch hier liegt ein Werk vor, das Nizami nachhaltig beeinflußt hat, nämlich in seinem ersten, ebenfalls didaktischen Werk „Schatzkammer der Geheimnisse" (*Makhzan al-asrār*). [...]

Nizami blickte also auf eine bereits reich entfaltete literarische Tradition zurück, als er selber die Berufung fühlte, sein Leben dem Schreiben zu widmen.

Leben und Werk Nizamis

Ilyās ibn Jūsuf Nizāmī, dessen Leben trotz aller Bemühungen der Forschung über weite Strecken in Dunkel gehüllt ist und wohl auch immer bleiben wird, wurde 1141 in Gandscha im heutigen Azarbaidschan[1] geboren, einer damals blühenden Residenzstadt mit prosperierendem Handwerk und Handel, Bädern, Basaren und Bibliotheken, wie sie zu jeder größeren islamischen Stadt gehörten. Er verwaiste früh, fand aber Mittel und Wege, sich ein umfängliches Wissen in mancherlei Zweigen mittelalterlicher Gelehrsamkeit anzueignen – Kenntnisse, von denen seine Dichtung allenthalben Zeugnis ablegt. Der städtischen Mittelschicht angehörend, war er möglicherweise Mitglied des Akhi-Bundes, einer im persisch-türkischen Raum damals verbreiteten, durch Standesbewußtsein und ethische Normen bestimmten religiössozialen Bewegung; jedenfalls ging er, obwohl durch Talent und

---

1   Zur Zarenzeit (1804–1918) wurde es in Jelizawetpol, unter den Sowjets 1935 in Kirovabad umbenannt, heißt heute aber wieder Gandscha/Gendsche.

Bildung sowie den damals herrschenden Usus dazu prädestiniert, nicht unter die Hofpoeten, die er als Verräter an der Dichtung betrachtete und deren von den Launen eines Despoten abhängige, stets prekäre Stellung er nicht beneidete:

> Herzlos sind wie Gold die Dichterlinge,
> denen feil um Gold die hohe Kunst ist.
> Wer für's Gold die Lichtgedanken hingibt,
> gibt für Steine leuchtende Rubine.
> Diese Leute, die gelehrt sich dünken,
> stehn am tiefsten auf der eitlen Höhe.
> Schmückt sie heut die goldverzierte Mütze,
> drückt sie morgen schon die Eisenkette.[1]

Von sich selber dagegen bekennt unser Dichter:

> Von niemand ward durch Gaben ich bestochen.
> Nur wo mein Herz sprach: „Sprich!", hab ich gesprochen.

Doch auch Nizami war darauf angewiesen, seine fünf Epen im Auftrage und zu Ehren von – historisch heute meist vergessenen – Fürsten der näheren und weiteren Umgebung zu schreiben, deren Interesse er anfangs wohl durch Lyrik geweckt hatte. Aufträge wurden ihm nicht nur aus der benachbarten Residenz der Schirwanschahe, Darband (heute Derbent) am Kaspischen Meer zuteil, sondern auch aus Erzincan (in der östlichen Türkei), Maragha (östlich vom Urmia-See) – dort residierte der zur lokalen Dynastie der Ahmadīlīs gehörende Fürst ʿAlāʾuddīn Körp Arslan, dem Nizami die „Sieben Gestalten" widmete – und sogar aus dem rund 700 entfernten Hamadhan, Residenz der irakischen

---

1 W. Bacher: *Nizami's Leben und Werke und der zweite Theil des Alexanderbuches*, S. 14/15; die Zeilen stammen aus *Makhzan al-asrār*.

Seldschuken, deren letzter Vertreter Tughril III. (reg. 1177–1194), Nizamis zweites Epos in Auftrag gab.

In einigen Fällen wissen wir, was für Güter der Dichter mit seiner Kunst erwarb. Für „Die Schatzkammer der Geheimnisse" erhielt er 5000 Golddinar, fünf gesattelte und gezäumte Pferde, fünf Maultiere und ein edelsteinbesetztes Ehrengewand als Honorar des Regenten von Erzincan, dem das Werk gewidmet war.[1] Der Fürst von Darband übersandte, um sein Entzücken an dem Epos zu bekunden, Nizami eine kiptschakische Sklavin – ein damals nicht ungewöhnliches Geschenk. Für Nizami aber war es von schicksalhafter Bedeutung. Der Dichter verliebte sich glühend in das offenbar zauberhafte Mädchen mit dem hübschen türkischen Namen Apak („Weißchen" oder „Schneewittchen") und setzte ihr nach ihrem frühen Tod – vielleicht starb sie an der Geburt ihres Sohnes Muhammad oder jedenfalls bald danach – ein einzigartiges literarisches Denkmal in Schirin, der Hauptgestalt seines zweiten Epos „Chosrou und Schirin". Es folgten drei weitere Epen und es folgten auch mehrere Frauen im Leben des Dichters. Im letzten Werk, dem „Alexanderbuch", stellt er sogar einmal seufzend fest, er habe offenbar für jedes neue Werk eine neue Frau gebraucht. Dennoch, die Erinnerung an Apak blieb bis in dieses letzte Alterswerk hinein lebendig. Ihr, die vermutlich eine Christin war,[2] verdankte er offensichtlich seine weit über das damals Übliche hinausragende Achtung, ja Hochachtung vor der Frau, die auch in seinen späteren Frauenfiguren immer wieder zum Ausdruck kommt und z. T. geradezu frauenrechtlerische Züge annimmt, wie dies namentlich in „Chosrou und Schirin", aber auch in der Fitna-Erzählung des vorliegenden vierten Epos und in

---

1   E. Bertels: *Nizami. Tvorčeski put poeta*, S. 82.
2   So vermutet bereits Bertels, l.c. passim.

der Episode um die Königin Nuschaba im letzten Alexander den Großen behandelnden Epos zum Ausdruck kommt.[1]

Im Jahr 1209 – das Datum ist durch Auffindung seines Grabsteins erst in diesem Jahrhundert bekannt geworden – starb Nizami in seiner Heimatstadt Gandscha, die er während seines Lebens wahrscheinlich nur einmal zur Begegnung mit einem seiner fürstlichen Gönner verlassen hat.

In Nizamis Werk vereinigen sich Fabulierfreude, Einfallsreichtum und poetische Imagination mit raffinierter Sprachkunst, Gedankentiefe, subtiler Einsicht in die menschliche Psyche und hohem Ethos der Gesinnung. Goethe hat ihn einfühlend richtig charakterisiert, wenn er ihn einen „zarten, hochbegabten Geist" nannte, der „die lieblichsten Wechselwirkungen innigster Liebe zum Stoffe seiner Gedichte wählt". „Die Anmut ist groß, die Mannigfaltigkeit unendlich". Überall „atmet gleiche liebenswürdige Klarheit", attestiert der Weimarer Meister seinem Kollegen aus dem Kaukasus. Das sind Lobesworte, wie sie in dieser Gesamtheit nur auf wenige Poeten anwendbar sind. Auf Nizami aber treffen sie ganz und gar zu, wenn man den Begriff der Klarheit nicht auf den einzelnen, oft äußerst komplizierten Vers, sondern auf die schöpferische Gestaltung des intendierten Sinn- und Symbolgehalts bezieht. Das treffende Urteil Goethes ist dabei um so erstaunlicher, als er nur einige wenige Proben aus Hammers bereits erwähnter „Geschichte der schönen Redekünste Persiens" kannte.

Nizamis fünf Epen

Nizami schuf, wie bereits erwähnt, fünf Epen, zusammengefaßt unter dem arabischen Wort für „fünf", *Chamsa*, das man am besten mit „Quintett" wiedergibt. Er verfasste daneben auch lyrische

---

1   J. C. Bürgel: *Die Frau als Person in der Epik Nizamis.*

und panegyrische Gedichte, die er, die damals üblich, in einem so-
genannten *Dīwān* vereinigt hat. Die von diesem *Diwan* erhalte-
nen Fragmente zeigen, daß Nizamis Meisterschaft weit mehr im
epischen als im lyrischen Genre zutage tritt.

Sein erstes Epos „Die Schatzkammer der Geheimnisse" ist ein
didaktisches Werk, also ethisch-erbaulichen Inhalts, und, worauf
bereits kurz hingewiesen wurde, stark von Sana'is „Garten der
Wahrheit" beeinflußt. In loser Folge werden Themen wie die
Schöpfung, die Erschaffung des Menschen, die Überlegenheit des
Menschen über die Tiere, die Treulosigkeit der Welt, Alter, Tod
und Zeichen der Endzeit behandelt; Leichtsinn und Eifersucht
werden getadelt, Askese und Hinwendung zum Jenseits empfoh-
len, und den Herrschern besonders Gerechtigkeit und Fürsorge
für die Untertanen ans Herz gelegt; alles Themen, die auch in
Nizamis späteren Epen zur Sprache kommen. [...]

Sein zweites Epos „Chosrou und Schirin" kann geradezu als
ein hohes Lied höfischer Liebe bezeichnet werden. Im übrigen ist
dieses Epos, ähnlich wie „Die Sieben Gestalten" und das „Alexanderbuch", ein Entwicklungsroman. Der Held, dessen Leben von
der Geburt bis zum Tod dargestellt wird, reift an seiner schwieri-
gen und konfliktreichen Beziehung zu Schirin ebenso wie an den
ihm auferlegten Macht- und Bewährungsproben als Herrscher.
Die beiden Reifungsprozesse verlaufen in diesem Epos parallel in
einer dynamischen kontrapunktischen Wechselbeziehung.

Ihm schließt sich mit „Laila und Madschnun" ein weiterer Lob-
gesang der Liebe an, diesmal aber ist es kein höfisches, sondern ein
beduinisches Paar, eine Art Romeo und Julia in der Wüste, und
die Liebe ist hier nicht einer von mehreren Aspekten, sondern der
alles beherrschende, absolute, ja zerstörerische Inhalt des Lebens.
Madschnun wird irre (wie ja sein Name besagt, der eigentlich „von
Dschinnen besessen" bedeutet) und er lebt in der Wüste, fern von
den Menschen, aber in friedlichem Verein mit den Tieren, auch

den wilden. Trotzdem ist er kein gesellschaftlicher Versager, wie dies kürzlich in der Forschung behauptet wurde. Gewiß, seinem Vater und seinen Stammesgenossen erscheint er so. Doch er wird ja trotz oder gerade wegen seines Wahnsinns zum großen Dichter, und wie hätte denn Nizami, der überall in seinem Werk für Milde und Nachsicht gegenüber den Fehlern der Mitmenschen eintritt, ausgerechnet einen seiner berühmtesten Berufskollegen derart herabsetzen sollen? Vielmehr hat er in ihm – neben der von Gelpke hervorgehobenen Einheit von Liebe, Wahnsinn und Dichtung[1] – auch die Idee der Gewaltlosigkeit gestaltet, die er in seiner Vision von Alexander dem Großen nochmals und mit gesteigerter Intensität zur Geltung bringt, und die auch in den „Sieben Gestalten" an verschiedenen Stellen auftaucht, z. B. in der Fitna-Erzählung, aber ebenso auch in den Geschichten vom verliebten Bischr und von Gut und Bös.

Zum vierten Epos, den „Sieben Gestalten, sei an dieser Stelle nur soviel gesagt, daß es sich um ein weiteres Königsepos handelt, allerdings mit deutlich anderer Akzentsetzung als in „Chosrou und Schirin".

Sind „Die Sieben Gestalten" in ihrem Reichtum an Phantasie bei gleichzeitig bewundernswert wohlgeplanter Struktur fraglos Nizamis vollkommenste Schöpfung, so weist sein letztes, zugleich umfangreichstes Werk, das Alexanderbuch (*Iskandarnāma*), wohl den größten Gedankenreichtum auf. Es besteht aus zwei Teilen, dem „Buch der Ehre" (*Sharafnāma*) und dem „Buch des Segens" (*Iqbālnāma*), in denen Alexander der Große zunächst als erfolgreicher Welt-Eroberer, sodann als Philosoph und schließlich als Prophet gezeigt wird. Nizami verbindet dabei Überlieferungen aus dem Hellenismus – der Alexanderroman war ja auch in den islamisch-orientalischen Kulturkreis eingedrungen und wurde

---

1   R. Gelpke: Nachwort zu *Leila und Madschnun*.

häufig gestaltet – mit islamischem Traditionsgut. Auch in diesem Fall dürfte die erste Anregung aus dem *Shāhnāma* gekommen sein; doch hat Nizami, mehr noch als für seine andern Königsepen, mache weiter Quelle herangezogen. So begegnen wir der aus Platos „Staat" stammenden Sage vom magischen Ring des Gyges ebenso wie islamisch-hermetischen Schriften entnommenen Erzählungen um Astrologie und Alchimie,[1] einem aus Ghazzalis Werk „Wägen der Werke" entlehnten, später auch von Rumi benutzten Malerwettstreit ebenso wie einem um die Mächtigkeit der Musik kreisenden Wettstreit zwischen Plato und Aristoteles.[2] Vor allem ist an diesem Alexander der fortschreitende und bewußte Verzicht auf Gewalt von Bedeutung, namentlich dann, wenn man diesen „Propheten" mit dem Gründer des Islam vergleicht, dessen Lebenskurve ja umgekehrt verläuft: Nach zehnjähriger, äußerlich ziemlich erfolgloser prophetischer Tätigkeit in Mekka, in der er auf Gewalt verzichtete, entschloß sich Muhammad zur Auswanderung (Hidschra), gelangte als Gemeindeoberhaupt von Medina zu politischer Macht und verbrachte seine zweite, wiederum zehn Jahre umfassende Wirkungsperiode fast ausschließlich mit militärischen Expeditionen, in deren Verlauf er sich die gesamte riesige arabische Halbinsel unterwarf. Nizamis „Alexanderbuch" ist aber auch ein Werk zur Verteidigung der damals immer mehr in die Schußlinie der islamischen Orthodoxie geratenden griechischen Philosophie.[3] [...]

Allen fünf Epen gemeinsam ist ein ausführlicher mehrteiliger Prolog, sowie ein kürzerer Epilog, durchaus vergleichbar den reichen Borten persischer Teppiche und den ornamentalen Umran-

---

1   J. C. Bürgel: Nachwort zu *Alexanderbuch*.
2   J. C. Bürgel: *Der Wettstreit zwischen Plato und Aristoteles im Alexander-Epos des persischen Dichters Nizami*.
3   J. C. Bürgel: *Krieg und Frieden im Alexanderepos Nizamis*.

dungen persischer Miniaturen oder auch den Vorhöfen der Moscheen und Paläste. [...]

Nizami möchte [..], daß seine Dichtung uns einerseits ästhetisch entzückt, andererseits ethisch belehrt. Beide Funktionen sind für ihn untrennbar miteinander verbunden. Weisheit also will er in überzeugender Form vermitteln. Es ist daher kein Zufall, daß viele seiner Verse an damals schon bestehende Sprichwörter anklingen oder selber als Geflügelte Worte in den persischen Sprachschatz Eingang gefunden haben.[1] Letzten Endes geht es ihm um jene Reise ins eigene Herz, von der er im Prolog seines ersten Epos, der „Schatzkammer der Geheimnisse" als einer tiefbeglückenden Selbsterfahrung berichtet.[2] Ein Zitat aus dem Prolog mag diese Betrachtung schließen. Es sind jene Zeilen, in denen Nizami den Aufruf zur Selbsterkenntnis mit einem kurzen Lob der Vernunft und der Weisheit verbindet.

> Wer nicht sein eignes Bild zu lesen weiß, vergeht.
> Nur wer es liest, bleibt immerdar lebendig.
> Hast du dich selber recht erkannt, vergehst du
>   nicht,
> magst du auch scheinbar hier vergangen sein.
> Wer aber ahnungslos dahinlebt, kommt
> durch eine Tür, geht durch die andre fort.
> ...
> Doch einen Helfer im Verborgenen
> hat jeder; dieser Freund und Weggenosse
> ist der Verstand, von welchem Hilfe kommt.
> Und alles hast du, wenn du diesen hast.
> Wer dieses Gut nicht ehrt, mag äußerlich
> ein Mensch sein, innen gleicht er einem Dämon.

---

1   J. Rypka: *Einiges zum Sprichwörterschatz in Nizamis Haft Pajkar.*
2   R. Würsch: *Nizamis Reise ins eigene Herz als Erfahrung mystischer Wirklichkeit.*

Doch jene Engel, die man Menschen nennt,
es sind die Weisen; Weisheit ist ein Wunder.

Davon legt Nizamis Dichtung reiches und mannigfaltiges Zeugnis
ab, und das ist der Grund, warum sie uns nach 800 Jahren noch
einiges, vielleicht sogar noch vieles zu sagen hat.

1997

Die sieben Gestalten

Gibt es ein Buch, das mein Leben verändert hat? Nicht, daß ich
wüßte. Wohl aber gibt es Bücher, die ich verschlungen und von da
an geliebt habe, die mich durchs Leben begleitet haben wie gute
Freunde. Dazu gehört vor allem das Epos *Die sieben Gestalten* des
persischen Dichters Nizami, der im zwölften Jahrhundert in der
aserbaidschanischen Stadt Gandscha zu Füßen des Kaukasus lebte.
Er schrieb dort zunächst das kurze, didaktische Epos *Schatzkammer der Geheimnisse*, dann seine drei großen romantischen Epen
Chosrou und Schirin, *Laila und Madschnun* und eben *Die sieben
Gestalten* und schließlich sein umfangreichstes Werk, das *Alexanderbuch*. Seine fünf Epen widmete Nizami zeitgenössischen Fürsten, die ihn reich belohnten. Er nahm jedoch nie eine Stelle als
Hofdichter an, aus Abscheu vor dieser in seinen Augen entwürdi-
genden Rolle. Für Goethe war er „ein zarter, hochbegabter Geist,
der ... die lieblichsten Wechselwirkungen innigster Liebe zum Stoffe seiner Gedichte wählt ... Die Anmut ist groß, die Mannigfaltigkeit unendlich."
   Ich hörte von Nizami zum ersten Mal im Unterricht meines
Lehrers Hellmut Ritter. Ritter liebte und verehrte Nizami und
vermochte es, diese Liebe auch in mir zu wecken. Wir lasen im persischen Original *Die Geschichte von König Bahram Gur und dem
Sklavenmädchen Fitne*. Da begegnete uns ein gewaltiger Dichter

mit einem glänzend erzählten Lehrstück, einer funkelnden Bildersprache, mit Witz und Tiefsinn, mit Menschenkenntnis und großer Menschenfreundlichkeit. Der Text faszinierte mich so, daß ich mich daran wagte, ihn in deutsche Verse zu gießen. Das Resultat zeigte ich mit banger Erwartung meinem verehrten Lehrer und hörte ihn bald darauf zu einem Kollegen in mokantem Ton sagen: „Ein Student von mir hat Nizamis Fitne-Erzählung übersetzt – in Knittelverse". Das wurmte mich, und ich beschloß, die Sache besser zu machen. Meine zweite Übersetzung erschien in der Wiener Zeitschrift *bustan* und trug, wenn auch nur am Rande, zu meiner Berufung nach Bern im Jahre 1970 bei. Ich drang nun mehr und mehr in Nizamis großartige Epik ein und übertrug zunächst *Chosrou und Schirin* in deutsche Prosa. Genau achthundert Jahre nach seiner Vollendung durch den Dichter erschien die Übersetzung 1980 in einer bibliophilen Ausgabe bei Manesse. Danach beschäftigte mich jahrelang das umfangreiche *Alexanderbuch*, dessen Übersetzung 1991 ebenfalls bei Manesse erschien. [...]

Aber die größte Herausforderung erwartete mich noch. Die Anfrage von Mattias Politycki, der damals als Lektor für C. H. Beck arbeitete, ob ich nicht für die *Neue Orientalische Bibliothek* Nizamis *Die Sieben Gestalten* übersetzen könne, und ob ich es nicht einmal mit Versen versuchen wolle, bedeutete für mich die Erfüllung eines lange gehegten Wunsches. In einem Palast mit sieben Kuppeln empfangen im Wechsel der Wochentage sieben Prinzessinnen aus sieben Weltreichen König Bahram und erzählen ihm eine Geschichte. Doch so poetisch, so mitreißend diese sieben Geschichten auch erzählt sind, sie können ihre Tragik, ihre Heiterkeit, ihre Erotik, ihre Rätselhaftigkeit für den Leser erst dann vollständig entfalten, wenn man in der – zuvor noch nie ins Deutsche übertragenen – Rahmenhandlungen erfährt, daß sie auf merkwürdige Weise für König Bahram vorherbestimmt sind. Denn als noch junger Prinz hat er in einem eigens für ihn erbauten

Palast die Bildnisse seiner späteren sieben Frauen entdeckt, mit dem eigenen Bildnis mitten unter ihnen. Und diese Frauen und ihre Geschichten gewinnen noch einmal an Bedeutung, wenn man erfährt, daß Bahram im Banne des Zuhörens und des Liebeszaubers das Regieren völlig vergißt. Die Chinesen sind plötzlich gegen ihn in den Krieg gezogen, und der von Bahram eingesetzte Wesir hat alles zum Schlechten gewendet, wie dessen sieben Opfer mit *ihren* sieben Geschichten drastisch darlegen. Das kunstvoll gewogene Epos gehört zum Phantasievollsten und Gedankenreichsten, was im islamischen Kulturraum je geschrieben wurde. Es nahm mich anderthalb Jahre lang völlig in Beschlag, bis die Übersetzung 1997, wiederum genau achthundert Jahre nach Vollendung durch den Dichter, unter dem Titel *Die Abenteuer des Königs Bahram und seiner sieben Prinzessinnen* erscheinen konnte. Daß der Verleger Wolfgang Beck mich zu einer Lesung aus der Übersetzung in sein Privathaus einlud, war für mich ein krönendes Nachspiel, daß jeder Gast ein Exemplar des neuen Buches als Geschenk empfing, eine Geste von echt orientalischer Großzügigkeit.

Das Übersetzen eines literarischen Textes beruht auf einer Art Liebesverhältnis, einer *unio mystica* zwischen Autor und Übersetzer, deren Frucht die gelungene Übertragung ist. Einen Dichter von Weltrang wie Nizami übersetzen zu dürfen ist ein Privileg und eine große Verantwortung. Wolfgang Beck ist es zu verdanken, daß das zweifellos zauberhafteste der fünf Epen Nizamis in der schönen *Neuen Orientalischen Bibliothek* seit nahezu zehn Jahren greifbar ist. „Die Anmut ist groß, die Mannigfaltigkeit unendlich." Mögen das noch zahlreiche Leserinnen und Leser entdecken!

Aus meiner Liebe zu Nizami sind vor Jahren die folgenden Verse entstanden:

AN NIZAMI

Vor mir das Fenster weit hinaus ins Land,
wo rot und gold des Abendweines Tränke
mich oft gelabt, und nah die Bücherwand
mit Deinem Werk, worein ich mich versenke.

Die vielen Blätter mit der Schnörkelschrift
nach alten Manuskripten aus dem Osten, –
da find ich Dich, Dein Reich, die reiche Trift,
wo Du mich läßt von Deinen Weinen kosten.

Du schufst bescheiden, ohne Fürstendienst,
Dein Kaftan hatte schwerlich goldne Borten.
Doch warst und bist Du mehr als je Du schienst:
Ein König an Gedanken, Bildern, Worten!

Die Eine, die der Tod Dir früh entriß,
die Dir ein Fürst geschenkt, die Du zur Freien
liebend erhobst, um dann in Bitternis
ihr süßes Antlitz Deinem Traum zu leihen

In jenem Garten, den Dein Lied beschwört,
wo lichtbetaut, ihr Dorn von Duft gemildert,
die Rose stets die Nachtigall betört,
daß sich ihr Klang so quellend reich bebildert, –

Das Reich, das ich betrat, weil ich erlernt
Den Zauberreim, der seine Pforten weitet, –
gewährst Du, daß den Freunden sich's besternt,
daß es durch meine Stirn hinübergleitet?

Ich sinne lang. Dann, wie von Traum entführt,
spür ich mein Wort sich an das Deine schmiegen,
als ob der Engel, der auch Dich berührt,
mir hülf, die vielen Hürden zu besiegen.

2007

Michael Heinemann

Diesseits der Liebe:
Zur Funktion der Musik in den Dichtungen von Nizami

Dass Musik beginnt, wo die Sprache endet, und Klänge andere Ausdrucksbereiche erschließen als Wörter, ist eine Erfahrung, die Nizami weder als erster noch als einziger thematisiert. Nicht begrifflich fassbar zu sein, rückt die Musik in eine Sonderstellung der Künste schon in der Antike; sie allein rühre an die Seele, sie verdopple die Intention dessen, der sie als Mittel von Gebet und Lobpreis nutze. Dieses Potential, so unbestritten es ist, lässt Musik zugleich verdächtig werden. Wo die Ordnung der Töne nicht nur ambitioniertes Spiel des Geistes ist, sondern den Körper des Menschen berührt, erschließt sie Bereiche, die sich der Kontrolle entziehen: für den Staatsmann des griechischen Altertums wie die Pädagogen der Neuzeit in Mitteleuropa ein Problem, dem man nur mit rigiden Einschränkungen glaubte begegnen zu können. Doch nicht erst die Romantik entdeckte das poetische Kapital, das begriffsloser Kunst eignet. Vielmehr ist bereits in Nizamis Dichtungen erkennbar, dass Musik nicht nur ein Mittel der Steigerung von Sprache ist, einzusetzen bei Fest und Spiel, als Tanz und Gesang, sondern einem Zweck dienen kann, der auf eine genuine Qualität der Tonkunst verweist: Chiffre zu sein für Unsagbares. Für eine Sphäre, die mit Worten nicht zu erfassen ist, jenseits derer aber sich noch eine weitere Dimension eröffnet, die sich ebenfalls aller Rationalität entzieht: die Erfahrung der Liebe.

Madschnun weiß davon nichts. Sein Gesang ist Ausdruck der Sehnsucht dessen, der fern von seiner Geliebten ist. Nach Nizami kein Einzelfall, sondern verbreitete Praxis bei Liebenden, die in ihrem Elend schmerzliche Lieder anstimmten.[1] Ihnen gerät Madschnun nachgerade zum Vorbild. Seine Gesänge der Einsamkeit finden Resonanz bei den Mitmenschen, die den verzweifelt Verlassenen aufsuchen; sie notieren seine Musik, da sie den Ausdruck von Liebe, der sie gebar, bewahrt, und die Leidenschaft, der sie entsprangen, auch in ihnen hervorzurufen vermag. Musik resultiert nicht nur aus Emotionen, sondern kann sie in gleicher Weise auch bei anderen reproduzieren.[2] Je länger die Zeit von Suche und Warten dauert, desto kunstvoller geraten Madschnuns Gesänge.[3] Doch bei der Begegnung mit Leila bedarf es solcher Artistik nicht mehr. Mit der Gegenwart der Liebe werden die Verse entbehrlich.[4] Die Musik war nichts als ein Surrogat, nützlich und willkommen, einen Augenblick der Erfüllung zu suggerieren und sich – aber dann auch andere – über dessen Fehlen zu trösten: diesseits der Liebe, die, wo sie wirklich wird und ihre Wirkungsmacht entfaltet, auf Dekor und Surrogat verzichten kann.

Von defizitärer Gegenwart abzulenken, ist die Funktion der Musik auch in den *Sieben Geschichten der sieben Prinzessinnen*. Freilich nun mit anderen Vorzeichen. Nicht Sehnsucht und Verlangen gilt es zu besänftigen, nicht Wartezeiten träumerisch

---

1   Nizami, *Leila und Madschnun, Aus dem Persischen übersetzt und mit einem Nachwort von Rudolf Gelpke*, Zürich 1963, S. 22.

2   Nizami, *Leila und Madschnun*, S. 74.

3   Nizami, *Leila und Madschnun*, S. 170f.

4   Nizami, *Leila und Madschnun*, S. 277ff.

zu verkürzen. Musik wird zum Ersatz von Liebe, zugewiesen
zunächst jenen Figuren im Zaubergarten, denen erotische Erfahrungen fremd blieben. Klänge von Fiedeln, Flöten und Harfen
sind nichts weniger als Vorspiel denn allenfalls Chiffren eines
Aktes der Erkenntnis, dessen Intimität keiner Begleitung bedarf,
noch schon sie duldet. Das Geheimnis der Liebe ist größer als
das der Musik,[1] selbst wenn in den Liedern und Gesängen, die
anmutige Mädchen vortragen, das Motiv glückhaft erfüllten
Augenblicks als Telos der Begegnung zweier Menschen antizipiert
erscheint.[2] Solcher Ahnung kundig ist zumal die Lautenspielerin
der letzten Erzählung, die ihre Kunst zur Verführung nutzt;
doch klingt dort, ein frühes Tagelied, auch die Trauer um die
Flüchtigkeit einer Lust nach, der keine Ewigkeit beschieden war.[3]
Vielleicht kaum zufällig berichtet Nizami von diesem Potential
der Musik erst am Ende seines siebenfachen Cursus durch Liebe
und Leidenschaften. Sehnsucht und Erfüllung werden nun nicht
mehr durch Raum oder Zeit einander vorenthalten, Musik und
Liebe verschränken sich, indem die sinnliche Erfahrung in den
Tönen der Instrumente aufgehoben wird, in eins sublimiert und
konserviert. So prominent Nizami Musik an solchen Höhepunk-
ten seiner Dichtungen einsetzt und so differenziert das Kalkül
ihrer dramaturgischen Disposition ist, so sehr sind Klänge funk-
tional limitiert. Noch bedarf es des Textes, um über die Intention
der Töne zu informieren. Liebe und Schmerz müssen explizit
artikuliert werden, um den Sinn einer Musik zu verdeutlichen, der
sich nicht *sui generis* erschließt. Doch ihr Potential ist allenthalben
zu spüren: als einer Kunst des Übergangs, zwischen Traum und
Realität, Wunsch und Wirklichkeit vermittelnd, Perspektiven

---

1 Nizami, *Die sieben Geschichten der sieben Prinzessinnen, Aus dem Persischen übertragen von Rudolf Gelpke*, Zürich 1959, S. 41ff. und 54f.
2 Nizami, *Die sieben Geschichten*, S. 195f.
3 Nizami, *Die sieben Geschichten*. S. 251ff.

eröffnend und Erinnerungen beschwörend, aus einer Erfahrung heraus, die sich der Arbeit des Begriffs verschließt, doch sinnlich, qua Musik, vermittelt werden kann.

In *Chosrou und Schirin*, Nizamis zweiter großer Liebesgeschichte, wird die Dichotomie noch weiter zugespitzt. Verbotenerweise sei, so eine Ermahnung, die sich der Protagonist anhören muss, der Klang der Harfe an das Ohr von Frauen gelangt:[1] Dass emotional und sinnlich berührt zu werden fragwürdig erscheint, ist ein Topos rigider Erziehung, der deutlich macht, welch Potential man der Musik zuerkannte. Die Erfahrung des Körpers, die sich mit Klängen vermittelt, bedarf offenkundig der Disziplinierung. Nicht die kathartische Wirkung der Musik wird akzentuiert, sondern ihre Funktion als Stimulans befürchtet, da nicht zu kontrollieren ist, zu welchen Weiterungen sie Veranlassung geben könnte. Explizit wird das seduktive Potential von Musik im Ghasel zur Geige bei Chosrous Fest: „Die Musikanten woben aus den Saiten ihrer Harfen einen seidenen Gesang und zerrissen die Schleier des Liebesspiels, und mit dem klagenden Ton der Harfen schlugen die Pahlawi-Lieder selbst aus steinernen Herzen Flammenglut hervor. Die Geige stöhnte wie Mose im Gebet, und der Sänger verwöhnte mit Wohlklang."[2] So sehr die Musikanten ihr Auditorium bewegen können, so sehr konterkarieren sie doch einen Affekt, der nicht auf vordergründigen Sinnenreiz beschränkt bleiben soll, sondern auf die Erweckung wahrhafter Emotion zielt: Musik nicht nur als Surrogat von Liebe, sondern ihre Entfaltung erschwerend, womöglich sogar verhindernd. Stets jedoch als Kontrast: Musik (wie Wein) sind nützlich und willkommen, Erinnerungen an amouröse Erfahrungen zu evozieren; solche zu thematisieren, bedeutet zugleich, ihr Fehlen zu konstatieren und auf ei-

---

1   Nizami, *Chosrou und Schirin, Aus dem Persischen übersetzt von Johann Christoph Bürgel*, Zürich, 1980/2009, S. 17.

2   Nizami, *Chosrou und Schirin*, S. 79f.

ne Sphäre jenseits ihrer zu verweisen. Mittels Musik kann über sie verfügt werden, nicht sprachlich zwar, doch als Projektionsfläche, auf der Unsagbares – begrifflich nicht zu Fassendes wie moralisch Prekäres gleichermaßen – zu vermitteln ist.

Auf diesem schmalen Grat balanciert Nizami virtuos: als Dichter, der vertraut ist mit den Möglichkeiten der Musik und ihr Potential poetisch integriert. Mit ihren nicht-begrifflichen Mitteln Erfahrungsräume anzudeuten, die sich der sprachlichen Fassung ebenfalls entziehen, also zwei Ebenen metasprachlich aufeinander zu beziehen, um Phänomene zu umschreiben, zu deren Erkenntnis die Möglichkeiten der Vernunft nicht hinreichen, gerät zu einem artistischen Experiment, das am Ende der Geschichte von Chosrou und Schirin in einer riskanten Katachrese von Musik und Liebe kulminiert. Bei der schlussendlichen Begegnung der Liebenden weiß der Barbiton-Spieler Barbad sein Instrument so zu behandeln, dass er die Herzen seiner Zuhörer in Räucherpfannen verwandele, „die, während er die Lautensaiten rührte, duftende Aloe verbrannten". Ja, mehr noch, brachte er, „wenn er die seidenen Saiten des Instruments anschlug, die ganze Schöpfung zum Klingen".[1]

Die Metaphern von kosmischer Harmonie und dem Musiker als Demiurgen, die Nizami verwenden konnte, ohne schon auf Plato oder die Gnosis rekurrieren zu müssen, unterstreichen das Potential, das Klängen und Tönen attestiert wird. Auch Jesus ist eine probate Referenz, um die Bedeutung der Musik zu illustrieren:[2] weniger kryptisch als das Epitheton des lebensspendenden Odems, das Nizami mit ihm verbindet, wäre eine Analogie zu Orpheus, jenem mythischen Sänger, dessen Gang in die Unterwelt und seine Aufnahme in den Himmel, wo ihn sein Vater Apollo im

---

1   Nizami, *Chosrou und Schirin*, S. 352.
2   Nizami, *Chosrou und Schirin*, S. 352.

Sternbild der Leier verewigte, zu Zeiten als Antizipation von Tod und Auferstehung Jesu galt. Denn auch die griechische Mythologie ist Nizami vertraut, wenn er Nakisa, den Lautenspieler, einen Musiker nennt, der so harmonische Melodien erfunden habe, dass Venus um den Himmel herumtanze und er sich der Liebesgöttin überlegen gefühlt haben dürfte.[1] Hier ist es nun unmittelbar ausgesprochen, jenes Spannungsverhältnis von Musik und Liebe, das bis dahin nur ein Motiv der Erzählung war. Die Macht der Musik ist jedoch nur insofern größer sei als die der Liebe, als sie Empfindungen, die sich der Sprache entziehen, zum Ausdruck bringen kann. So wird der Musiker zum Dolmetscher, dessen sich die Liebenden dann auch bedienen: „Ruf mir einen dieser Sänger; lass ich mit seinem Instrument an dieser Zelttür sitzen, auf dass er meine Glut in seine Lieder nehme, den Ton nach seiner Weisung forme und singe, was ich ihm zuflüstere!"[2]

In der Folge tut Nakisa, der Musiker, was ihm der Kammerdiener aufträgt, doch möge er sich darauf beschränken, Emotionen in Gesang zu verwandeln: „Verschließ deine Augen vor der Dame in diesem Zelt, aber lerne von ihr die Worte für deine Musik! Spiele nach ihrer Weisung in dem Ton, den sie dir angibt!" So geschieht es: „Im ambratrüben Glanz der Kerzen schienen ein Paradies aus Feuer und ein Garten aus Rauch zu verschmelzen, die Melodien erklangen im engen Gewand der jeweiligen musikalischen Form, Liebesverse glitten an den Saiten der Harfe entlang wie Hände an Zöpfen; und die Töne, die mit den Seidenfäden des Instruments erzeugt wurden, schienen den Ohren Sklavenringe anzulegen."[3]

Kaum zufällig gerät das Corpus des Instruments zur Analogie des menschlichen Leibes, die Saiten zu Metaphern von Haaren, über die der Spieler nur *in effigie* streichen darf. Die Ausführung

---

1   Nizami, *Chosrou und Schirin*, S. 353.
2   Nizami, *Chosrou und Schirin*, S. 354.
3   Nizami, *Chosrou und Schirin*, S. 354.

der Musik gleicht Zärtlichkeiten, die sie ersetzt, doch von kaum geringerer Intensität und Virulenz. Wechselweise bedienen sich Chosrou und Schirin der beiden Instrumentalisten, und Nakisa und Barbad wissen die Leidenschaften durch die Wahl von Tonarten und Gesängen anzustacheln, die immer unverhohlenere Bekenntnisse von Liebe und Zuneigung transportieren.

Dass im Dialog der Sänger die Identität der Protagonisten unklar bleibt, ist nicht nur eine dramaturgische Pointe. Noch haben sich Chosrou und Schirin, nicht persönlich kennengelernt, nicht einmal gesehen haben sich die beiden bis zu diesem Zeitpunkt. Zwar weiß man um die Gegenwart des anderen, doch nur mittels der Stimme, die doch die eines anderen ist, wird ein Affekt geschürt, dessen Intensität beide alsbald überwältigt: „Als Barbad dem hölzernen Instrument dieses Quellen Lied [...] entlockte, entbrannte das Herz Schirins in solcher Glut, dass ihr das Öl des Verstandes mitsamt seiner Lampe verglühte. Sie stieß einen lauten Seufzer aus, dass es den Schah bestürzte. Kaum hatte er die liebliche Stimme vernommen, da flog sein Herz sehnsuchtsvoll zu Schirin hin, und seine Stimme verschmolz mit der ihren zu schönstem Gleichklang, wie wenn ein Mensch einem Berg ein Geheimnis zuruft und das Echo seine Worte erwidert."[1] Solche Aktionen der Liebenden – ihre Seufzer, ihr leidenschaftliches Begehren – verwirren die Musikanten, deren Aufgabe nun freilich auch erledigt ist. Den Zweck, mittels Musik Liebe zu stimulieren, hat ihr Spiel erfüllt; dort, wo sich das Paar tatsächlich gefunden hat, können sie entlassen werden. Der Vertretung bedarf es nicht mehr: weder der Akteure noch des Mediums selbst. Erkenntnis, in der sich die Liebenden finden, braucht weder Worte noch Klänge. Sie ist begrifflos wie die Musik. Doch es führt eine Brücke von den Tönen zum Körper, und die Klänge bringen zum Ausdruck,

---

1   Nizami, *Chosrou und Schirin*, S. 378f.

was zu sagen mit Worten nicht möglich ist. So wird die Musik zur Maieutik. Sie befreit die Leidenschaft, indem sie deren Existenz artikuliert, und in der künstlerischen Fassung wird das Tabu, das die Thematisierung von Zweisamkeit traditionell umgibt, sublimiert. Zeichenhaft kann man sich zu verstehen geben, was man einander bedeutet. Und gelangt auf diese Weise zu einer Verständigung seiner selbst. Sobald die Liebenden um die Bedeutung der kodierten Botschaft wissen, das lehrt auch Turandocht, bedürfen sie ihrer nicht mehr. Doch zur Artikulation des Affekts war sie unabdingbar. Dazu dient die Musik. Nichts Geringeres ist die Funktion, die ihr Nizami zuschreibt.

2021

Horst Lohse

Tanz als Traum-Vision: Mein Ballett „Mahan" auf den Spuren von Nizami

Seit alten Zeiten ist die Farbe Blau ein Symbol romantischer Sehnsucht. Ferne Berge leuchten verheißungsvoll blau. Hinter den Bergen wartet das Meer, auf ihm fahren Schiffe hinaus ins Weite. Die Wellen des Meeres spiegeln die Farbe des Himmels, der sich darüber wölbt.

Als Komponist schaffe ich klingende Bilder, erzähle Geschichten in Tönen. Ich übersetze das, was mich im Innersten bewegt, in Musik. Sie ist eine Sprache, in der ich mich ausdrücken, mit anderen kommunizieren und verstanden werden kann.

Horst Lohse

Eine Sprache, die mich schon sehr früh bewegt, ja ins Herz getroffen hat, ist die Erzähl-Sprache des Dichters Nizami. Es ist bald sechzig Jahre her, dass ich seinen Namen zum ersten Mal hörte. Bis heute kenne ich seine Werke nur in deutschen Übersetzungen. Aber durch diesen Schleier hindurch spüre ich rein und klar die ungeheure Kraft seiner Poesie. Und deshalb habe ich mich über all die Jahre immer wieder mit ihm beschäftigt. Seine Bücher, seine Geschichten waren wie großartige Landschaften, die ich geistig durchwandert habe. Oft hat das Gelesene in mir innere Klänge wachgerufen. Dann wurde Nizamis Welt für mich ein Himmel, in dem meine Gedanken frei wie ein Vogel schweben und fliegen konnten.

Das erste Mal, dass dies passierte, war Mitte der 1970er Jahre. Die wundersamen Geschichten von den „Sieben Bildnissen", den „Haft Peykar" beflügelten meine musikalische Fantasie. Und so komponierte ich ein vierteiliges Werk für großes Orchester mit dem Titel „Epitaph für Nizami". Die einzelnen Teile habe ich als „Préludes" bezeichnet, als „Vorspiele" (zu vier der sieben Bildnis-Geschichten). Mein „Epitaph" ist also nicht nur ein Blick zurück – eine Huldigung an den berühmten, längst verstorbenen Dichter –, sondern auch ein Blick voraus, ein Versprechen: eine Vorbereitung auf etwas, das noch kommen sollte.

1979 wurde mein „Epitaph für Nizami" durch das Philharmonische Orchester des Landestheaters in Coburg uraufgeführt. Noch im selben Jahr begann ich mit der Arbeit an einem neuen, größeren Werk. In ihm griff ich diejenige der Geschichten aus den „Haft Peykar" heraus, die mir von ihrer inneren Dramaturgie am geeignetsten für die Musiktheaterbühne, genauer gesagt: für das Tanztheater erschien. Ich schrieb – in der Hoffnung auf eine mir in Aussicht gestellte Aufführung in Zagreb (Kroatien) – die erste Fassung meines Balletts „Die Abenteuer des schönen Mahan". Leider kam die Aufführung damals nicht zustande. Ich brauchte einen langen Atem, bis das Versäumte 2007 in der Nürnberger Tafelhalle nachgeholt wurde, mit einer experimentellen, avantgardistischen Inszenierung. Die Kritik lobte die flirrende Atmosphäre meiner Musik und die differenzierte Kunst ihres Ausdrucks, die sich auch in der hervorragenden Interpretation durch das Instrumentalensemble widerspiegelte. Ich hatte die erste Fassung für eine Kammerbesetzung instrumentiert: zwei Klaviere und zwei Schlagzeuge.

Viele Leute, die diese „Mahan"-Uraufführung besuchten, wussten nicht, dass ich inzwischen meine Reise mit Nizami fortgesetzt und neue Ziele erreicht hatte. Bereits kurz nach Vollendung der ersten Version hatte ich Lust, den Traum dieses Werks noch einmal zu träumen und meiner Partitur neue Farben zu geben. Innerhalb von drei Jahren schrieb ich zwei weitere Fassungen: zuerst für ein kleines, danach für ein großes Orchester. Mit der großen Fassung war ich Preisträger beim „Carl-Maria-von-Weber-Wettbewerb für Handlungsballette" der Dresdner Musikfestspiele.

Danach gab es verschiedene Versuche, „Die Abenteuer des schönen Mahan" an einem Theater der damaligen DDR auf die Bühne zu bringen. Aber es war wie mit der berühmten blauen Blume der Romantik: Wenn du glaubst, du hast sie gefunden, entschwindet sie wieder deinen Blicken und löst sich auf wie ein Phantom. Eine Aufführung meines „Mahan"-Balletts mit symphonischem Orchester: Das ist und bleibt bis heute ein noch unerfüllter Traum, und ich frage mich, ob ich es in meinem Alter noch erleben werde, eine solche Aufführung verwirklicht zu sehen.

Inzwischen habe ich viele Werke geschrieben, die in aller Welt gespielt wurden. In gewisser Weise blieb ich dem Vorbild von Nizami verpflichtet, denn viele der Figuren und Geschichten, mit denen ich mich in meinen Stücken auseinandersetzte, hatten ihren Ursprung im Mythos oder im Märchen: Meine

„Portraits" aus Homers „Odyssee" erklangen in der Türkei, Brasilien, Costa Rica, Russland und den USA. Meine „Mythen in Musik" – Reflexionen über den Tod des Sängers Orpheus; über den Vogel Phönix, der verbrennt und aus der Asche wieder aufsteigt; über den Trotz des Sisyphos, der beharrlich seinen Stein immer wieder zum Gipfel des Berges empor wälzt – diese und weitere Kompositionen werden in Deutschland regelmäßig im Rundfunk gesendet. Das Orchester meiner Heimatstadt, die Bamberger Symphoniker (Bayerische Staatsphilharmonie), gab mir neben anderen Aufträgen die besondere Gelegenheit, eine Art musikalisches Welttheater im Konzertsaal zu inszenieren: „Die vier letzten Dinge" für Orgel und großes Orchester, ein dramatisches Klanggemälde über die Themen Tod und Vergänglichkeit – und unsere menschlichen Traumvorstellungen von dem, was danach kommen würde, Hölle oder Paradies. Inspiriert wurde ich dazu durch die Bilder eines niederländischen Malers, Hieronymus Bosch. Auch er ist ein enorm wichtiger Künstler für mich: einer, von dem ich mich – ganz ähnlich wie von Nizami – in meinem Denken und Empfinden unmittelbar angesprochen fühle. Dieser geistige Kontakt, diese wunderbare Anregung über die Jahrhunderte hinweg ist etwas Beglückendes. Ich genieße das, genauso wie ich es zugleich liebe und genieße, dass auch in der unmittelbaren Gegenwart neue Stimmen in mein Leben treten, jüngere Generationen, die mich zu neuen Plänen anspornen. Aktuell arbeite ich an einer Märchenoper mit dem Titel „Sabelita" mit dem Librettisten Michael Herrschel.

Für den Augenblick möchte ich nur noch sagen, dass ich über all den neuen Plänen und Projekten natürlich mein „Mahan"-Ballett niemals vergessen habe. Kurz nach Beginn des neuen Jahrtausends zeigte ich die verschiedenen Partituren meinem rumänischen Freund Sorin Petrescu, der mit seinem wunderbaren „Ensemble Contraste" schon mehrere Werke von mir für neue

Besetzungen eingerichtet und mit großem Erfolg international aufgeführt hatte. Als er die „Mahan"-Partituren gesehen hatte, war er Feuer und Flamme: Schon nach kurzer Zeit hatte er meine Musik für eine ebenso virtuose wie vielseitige Quartett-Formation arrangiert: Zusätzlich zu den Hauptinstrumenten Flöte, Klarinette, Schlagzeug und Klavier werden vom Ensemble abwechselnd weitere Instrumente gespielt: Saxofone, Synthesizer und eine ganze Reihe ungewöhnlicher, zauberhaft klingender Percussion-Instrumente.

Und so hob sich im Sommer 2005 der Vorhang des E.T.A.-Hoffmann-Theaters in Bamberg über der Geschichte von Mahan, die einst der König Bahram zu hören bekam: aus dem Mund der charezmischen Prinzessin, der Bewohnerin des türkisblauen Pavillons. Die Geschichte wurde getanzt von der siebenköpfigen Ballettkompanie der Oper Timişoara, und das „Ensemble Contraste" spielte meine Musik. Mahan erschien auf der Bühne: ein reizender, verträumter junger Mann, dessen einzige Tätigkeit tagein tagaus darin besteht, Freunde in ihren prächtigen Gärten zu besuchen und dort mit ihnen zu singen, zu lachen und alles ringsumher zu vergessen. Eines Nachts, erhitzt vom Wein, verlässt er die lustige Gesellschaft, streift allein durch den Garten – und plötzlich, im hellen Mondlicht, erscheint ihm ein Fremder, der ihn mit geheimnisvollen Andeutungen dazu bringt, ihm zu folgen. Er weckt Mahans Gier nach unermesslichen Schätzen und Reichtümern, nach einem Gewinn, höher als alles, was er je besessen hat. Aber als der Morgen graut, findet Mahan sich allein und verlassen in der Wüste wieder: hungrig und mit leeren Händen. Ein altes Paar kommt vorüber, rettet ihn und erklärt ihm, dass er dem Betrug eines gefährlichen Dämons zum Opfer gefallen sei. Aber indem er diesem Paar folgt, erkennt er mit Schrecken, dass auch sie zwei ebenso gefährliche Dämonen sind, die ihn ins Verderben treiben. Und so geht es weiter: Jedes Wesen, bei dem er Zuflucht sucht, entpuppt sich als böser Ifrit, als verräterischer Ghul. Mahan hat sich ins Land der Geister und Dämonen verirrt und ist ihnen ausgeliefert. Er ruft aus: „Wie seltsam ist doch dieses Leben, das uns aus Gärten in Wüsten und aus Wüsten wiederum in Gärten immerzu weiter hetzt – wozu, wohin? Man zeigt uns Rosen und darunter lauert der Stachel, und ziehen wir den Schleier vom Mondgesicht, so springt ein Drache hervor...“ So heißt es in der Übersetzung von Rudolf Gelpke aus dem Jahr 1959, die ich in der Ausgabe des Schweizer Manesse Verlags von meiner Frau Sabine geschenkt bekam. Dieses kostbare, mir am Herzen liegende Buch verriet mir auch, wie die Geschichte von Mahan am Ende ausgeht: Er war getäuscht, gepeinigt und verlassen. In seiner Verzweiflung flehte er die himmlischen Mächte um Hilfe an. Und gegen alle Wahrscheinlichkeit hörten seine Ohren eine Antwort. Und seine Augen sahen die Gestalt des Propheten Khizr: gehüllt in ein feierliches blaues Gewand. Diese märchenhafte Erscheinung griff mächtig in sein Leben ein und veränderte sein Wesen von Grund auf. War Mahan zuvor ein oberflächlicher Mensch gewesen, nur auf seinen Vorteil und schnellen Gewinn bedacht, so kam jetzt sein besseres Ich zum Vorschein. Er begriff das Leben in seiner Tiefe. Er gelangte glücklich nach Hause zurück, und von diesem Tag an trug er bis an sein Lebensende nur noch Kleider in der Farbe des Himmels, Kleider in der Farbe des Heliotropium, der Blauen Blume der Sehnsucht. Er tat es als Dank für seine Rettung.

Diese Verwandlung des Mahan hat mich als jungen Menschen tief berührt. Seine ganze Geschichte mit all ihren spannenden Wendungen war ungeheuer faszinierend, und die Lektüre war so etwas wie eine Erleuchtung, denn sie hat die kreativen Kräfte in mir freigesetzt. Und so ist meine Musik zu „Mahan“ entstanden, in ihren verschiedenen Gestalten. Ob für Kammerensemble oder für Orchester: Ich liebe diese Fassungen sehr, und wann immer etwas von ihnen gespielt wird, spüre ich etwas vom Glück und von der Sehnsucht meiner Jugend. Dann wölbt sich über meinem Leben wieder ein wunderbarer blauer Himmel.

2021

Fritz Rainer

Nizamis Poesie als Inspiration und Impuls für eine inszenierte und musikalische Aufführung „Die sieben Schönheiten"

„DIE SIEBEN SCHÖNHEITEN"
nach Nizami Ganjavi (Azerbaijan, 1141–1209),
eine szenisch-musikalische Lesung aus der Reihe
„DIE BIBLIOTHEK DER DICHTER"
STADTTHEATER MÖDLING: 28.–30.01.1999
THEATER DES AUGENBLICKS, WIEN: 17.05.–21.05.1999

„DIE SIEBEN SCHÖNHEITEN" / DER AUTOR

Ein Meisterwerk orientalischer Erzählkunst. Viertes von insgesamt fünf Epen, zusammengefaßt unter der Bezeichnung „Chamsa" („Quintett").

In „Die Sieben Schönheiten" beschreibt Nizami anhand der Erzählungen der sieben Prinzessinnen des Königs Bahram sieben Aspekte von Liebesbeziehungen und setzt sie in kosmologische Verbindung mit Farben, Wochentagen, Planeten und Weltengegenden.

ILYAS IBN YUSUF NIZAMI wurde 1141 in Gandscha im heutigen Azerbaidschan geboren. Er verwaiste früh, fand aber Mittel und Wege, sich ein umfangreiches Wissen in mancherlei Zweigen mittelalterlicher Gelehrsamkeit anzueignen. Er schrieb seine fünf Epen im Auftrage und zu Ehren lokaler und benachbarter Fürstenhäuser. Es wird berichtet, daß der Fürst von Darband (heute Derbent, am Kaspischen Meer gelegen) ihm als Dank für sein Werk eine kiptschakische Sklavin schenkte. Nizami verliebte sich unsterblich in dieses Mädchen und setzte ihr ein Denkmal als Hauptgestalt in seinem zweiten Epos „Chosru und Schirin".

Es folgten weitere Frauen und – von jenen inspiriert – drei weitere Epen. Im Jahre 1209 starb Nizami in seiner Heimatstadt Gandscha, einer damals blühenden Residenzstadt mit florierendem Handel und Handwerk, Bädern, Basaren und Bibliotheken.

In Nizamis Werk vereinigen sich Fabulierfreude, Einfallsreichtum und poetische Imagination mit raffinierter Sprachkunst, Gedankentiefe, subtiler Einsicht in die menschliche Psyche und hohem Ethos der Gesinnung. (Auszug aus J. C. Bürgels Kommentar zu seiner Übertragung der „Abenteuer des Königs Bahram und seiner sieben Prinzessinnen" ins Deutsche, Verlag C.H. Beck, 1997)

Zitat aus Kapitel 7, „Lob der Dichtung und einige Worte über die Weisheit" (aus „Die Abenteuer des Königs Bahram und seiner sieben Prinzessinnen")

> Jenes, das alt und neu ist gleichermaßen,
> das Wort, davon gilt's nun ein Wort zu sagen.
> Die Mutter „Sei!" hat an Erschaffenem
> nichts schöneres geboren als das Wort.

„DIE SIEBEN SCHÖNHEITEN" / DAS STÜCK

SZENARIUM

Eva und Georg verbringen die Nacht mit einer ihnen lieb gewordenen Beschäftigung: sie lesen aus der „*Bibliothek der Dichter*". Ge-

schichtenerzählen als Fortführung einer vor allem im Orient sinnlichen Tradition, für Eva und Georg auch ein erprobtes Mittel, sich einander mitzuteilen, auch Konflikte zu bewältigen. Sie lesen aus dem Opus des mittelalterlichen, azerbaijanischen Dichters Nizami Ganjavi „Die Sieben Schönheiten". Anhand der zentralen Erzählung der indischen Prinzessin reflektieren sie über ihre Beziehung. An einigen Stellen greifen die beiden zu anderen Werken aus der *„Bibliothek der Dichter"*.

In dieser Nacht erzählen sie sich die Geschichte der indischen Prinzessin, eine jener sieben Erzählungen aus Nizami's „Die Sieben Schönheiten".

Es ist eine erotische Parabel, das von einer unerfüllten Liebe erzählt, die den Mann in eine tiefe, „schwarze" Verzweiflung stürzt. Der Sultan, von dem hier berichtet wird, kann seine Liebe nicht zügeln, er gibt der Reifung der Liebe keine Zeit, will ungestüm und rasch in den Besitz seiner Angebeteten gelangen. Und obwohl sie ihn um Besinnung und Einsicht bittet, ihm sogar Liebesdienerinnen aus ihrem Gefolge Nacht für Nacht überläßt, nimmt er keine Rücksicht, und verliert am Ende alles.

TANZ / MUSIK

Die Tänzer und Musiker rezipieren ebenfalls *lesend* den Text, filtern die für sie relevanten Impulse heraus und gelangen zu voneinander unterschiedlichen Ergebnissen. Während die Musik sich durchaus in Komposition und Instrumentarium an zentralasiatischer Musiktradition orientiert, verarbeiten die Tänzer die Begegnung mit dieser Art Literatur auf eine sehr „heutige" Art und Weise. Sie schaffen durch Kontaktimprovisationen, über sich steigernde Bewegungssequenzen und durch dynamisches „In den Raum gehen" einen neuen Blickwinkel zu dem Erzählten, sie stellen dem „Märchen" eine „reale" Dimension gegenüber.

RAUM

Das Publikum nimmt rund um ein stilisiertes Doppelbett in einer terrassenförmigen, „persischen" Polsterlandschaft Platz. Musiker und Tänzer sind in diese „Tribüne" integriert, ebenso einige Gestalten aus der Erzählung.

Die Bücher aus der *„Bibliothek der Dichter"* sind realer Bestandteil des Instrumentariums der Bühnenfiguren (Bühnenbild, Requisite).

STAB und BESETZUNG

Inszenierung, Komposition	Fritz Rainer
Maske, Kostüme	Helga Hammer
Lichttechnik	Martin Kreienbühel
Darsteller	Eva Weissenböck
	Georg Kusztrich
	Nina Gabriel
	Eleanor McKinley
	Julia Cencig
	Thomas Bauer
Tänzer	Loulou Omer
	Paul Wenninger
Musiker	Fritz Rainer / Perkussion
	Ronald Bergmayr / Flöten

VISION

Der Zyklus „Die Bibliothek der Dichter" führt jenes schon bei unserem Musiktheaterstück „Die Bibliothek von Babel" entwickelte Konzept des Theaterschaffens fort. Ziel ist, eine stimmige Verflechtung verschiedener Ausdrucksformen von Theater zu erreichen, sich auf vielfältige Art künstlerisch mitteilen zu können.

Literatur ist die Quelle der Inspiration. Die *"Bibliothek der Dichter"*, deren Werk, gibt den Impuls zur kreativen Auseinandersetzung.

Das geschriebene Wort wird aus dem Kontext des Buches herausgehoben, wird hörbar, nimmt Raum ein, erreicht neue Dimensionen. Die Sprache der Dichter wird auch zur Metasprache der Protagonisten, die der ursprünglichen Bedeutungsebene des Geschriebenen durch Interaktion mit anderen Darstellungsformen (Schauspiel, Lied, Tanz, ...) neue Konnotation verleiht.

Das erste Projekt ("EINS") aus der Reihe "DIE BIBLIOTHEK DER DICHTER" beschäftigt sich mit der Dichtkunst des alten Persiens, im speziellen mit dem mittelalterlichen, persischen Dichter Nizami Ganjavi und seinem Epos. In unserem Stück stellen wir die gegenwärtige Situation der beiden Hauptprotagonisten *Eva* und *Georg* der Erzählung von der tragischen Liebe zwischen dem *Sultan* und *Torktaz* gegenüber. Im Mitteleuropa von heute begegnen diese beiden Menschen einer ungewöhnlichen Sprache, voll poetischer Imagination und uralter – aber zeitlos gültiger – Weisheiten.

PROZESS

Das vorliegende Theaterprojekt hat mehrere Stadien durchlaufen:

- "Die Bibliothek von Babel" (nach der gleichnamigen Erzählung des Argentiniers Jorge Luis Borges) führte zu lateinamerikanischer Lyrik;

- fremdsprachige Lyrik brachte Raoul Schrott's grandioses "Die Erfindung der Poesie / Gedichte aus den ersten vier Jahrtausenden" ins Spiel (Neuübersetzungen von u.a. Enheduanna, einer sumerischen Priesterin aus dem 24. Jahrhundert v. Chr.; oder Abu Nuwas, persischer Dichter, 8. Jahrhundert n. Chr.);

- eine von Eva Weissenböck angeregte Lesung aus Nizami Ganjavi's Epos „Haft Paikar" (fertiggestellt um 1197 n. Chr.) stellte die direkte Verbindung zu Raoul Schrott's Übersetzung islamischer Lyrik her;

- die Begegnung mit persischen Musikern und Tänzern beim Hallamasch Festival 1998 gaben einen weiteren Impuls zur Bearbeitung von „DIE SIEBEN SCHÖNHEITEN" nach Nizami Ganjavi.

FOCUS

Lesung als spannungsreiche Theaterform, losgelöst aus dem starren Buch – Tisch – Lampe – Szenarium. *Eintauchen* in die „Bibliothek der Dichter" heißt Stimmungen, Bilder und Szenen entstehen lassen. Die Akteure in dieser Bibliothek lesen, erzählen, eignen sich Rollen an, reflektieren ihr eigenes Sein anhand des „Gelesenen". Die „Bibliothek der Dichter" ist Teil des Bühnenbildes, das Lesen auf der Bühne ist natürlicher Umgang mit der Bibliothek. Die Positionen der Schauspieler (Tänzer und Musiker) wechseln zwischen aktiv Lesenden und Gestalten aus der Erzählung.

Die Herausforderung besteht darin, über das Lesen hinaus den Rahmen des Buches zu verlassen, in den Raum zu gehen und in Verbindung mit Elementen aus Musik- und Tanztheater eine sehr dichte, vielschichtige Interpretation des Textes zu erreichen. Die Umsetzung und Darstellung erfolgt auf mehreren Ebenen (Wort, Ton, Bewegung, Raum ...). Die Vermittlung ist mehr*dimensional*, fordert die Wahrnehmungsfähigkeit des Publikums heraus, ermöglicht aber gleichzeitig auch unterschiedliche Blickwinkel und Zugänge zu Inhalt und Problemstellung des Stückes.

WERKSTATT

Die „Unendlichkeit der Bibliothek" (Zitat: J. L. Borges) erfordert assoziatives Querlesen:

- Stichworte, Links, Erinnerungen, Verweise, ... filtern Themen heraus.

- Durch Interaktion mit anderen Künstlern entstehen kreative Spannungsfelder, aus denen sich letztlich *ein* Projekt herauskristallisiert.

- Die Erarbeitung des aktuellen Theaterprojektes weist den Charakter einer *Werkstatt* auf.

- Kulturschaffende und -interessierte unterschiedlicher Sparten sollen zum Rezipieren eingeladen werden. Denkbar: die „Bibliothek der Dichter" als offenes Forum für Künstler.

- Ziel ist es auch Künstlern für kommende Projektreihen zu gewinnen.

REALISATION

- Not und Tugend: Lesung „spart" (gemeinsame) Probezeit, erleichtert die Finanzierung;

- der geringe Probe- und Zeitaufwand fordert großes persönliches Engagement;

- die Qualität der Arbeit ist gewährleistet durch die Kenntnis von den künstlerischen Fähigkeiten der Mitwirkenden und durch exaktes *Briefing* im Vorfeld der Realisation;

- bei kongenialen Partnern ist eine relativ rasche Umsetzung der Vision möglich;

- Voraussetzungen sind: eine präzise Beschreibung der (aktuellen) Reihe, sowie der individuellen Anforderungen (Inszenierungskonzept, Rollenprofil, Ablauf, ...) und die zeitgerechte Zustellung der Materialien (Konzept, Textbuch, Noten, ...).

AUSBLICK

- Von Anfang an: dichte Video- und Audiodokumentation (Archiv; Veröffentlichungen);

- Dokumentation kann auch als künstlerischer Auftrag verstanden werden (Filmkünstler);

- neue Theaterformen, lebendige Präsentationen (siehe auch: Poetry Slam) machen die eingebundenen Kunstformen auch für ein junges Publikum attraktiv.

2021

Wilfried Fuhrmann

Nizami Gencevi – lebendig seit 880 Jahren

Er wirkt unvergessen zwischen uns. Viele von uns kennen seine auf einer arabischen Legende basierende Dichtung Leila und Madschnun. Es ist die Geschichte der sich bereits in der Schule verliebenden Leila und Qeis, die aber glücklos bleiben, da ihre

Eltern bzw. Clans dieser Liebe entgegenstehen. In diesem romantischen Epos beschreibt Nizami sehr feingliedrig die familiäre und psychologische Entwicklung der Liebenden über die Jahre, in deren Verlauf Qeis aus Verzweiflung, sich selbst vernachlässigend, sich in die Wüste und zu Tieren zurückzieht. Besessen verabsolutiert er die Liebe zum einzigen Lebensziel, zu einer Art göttlichem Mysterium, das aber letztlich wie eine sich selbst zerstörende Sucht wirkt. Er glaubt an sein inneres Licht, übersteigert seine Fokussierung auf die Liebesbindung derart wahnhaft, dass er sich immer mehr aus der Lebenswirklichkeit löst und sich des Lebens immer weiter entfremdet. Durch die wachsende Dominanz seiner „Sucht" und Mystik kann er nichts Anderes mehr denken und fühlen. Die Menschen nennen ihn den Besessenen: Madschnun. Aber auch Leila leidet unter der unerfüllten absoluten Liebe. Sie stirbt an ihr. Bei der Todesnachricht eilt Madschnun zu ihr und legt sich in einer ihn überwältigenden Trauer und doch scheinbar erlöst über ihren Sarg. Bald darauf stirbt auch er in der Wüste.

Der Kern dieses 833 Jahre alte Epos und das Werk von Nizami sind heute immer noch aktuell. Die Themen wie Liebe und gesellschaftliche Zwänge sind zu allen Zeiten gefragt und lassen sich derart auch gut „verkaufen", denn sie bewegen die Menschen heute genauso wie vor 900 Jahren. Sie haben grossteils dieselben Träume. Die damals wegweisend aufgezeigten philosophischen Überlegungen und psychologischen Entwicklungen der absoluten Liebe bis hin zum Wahnsinn mit seinen Auswirkungen führen uns letztlich zu der viel später entwickelten Psychoanalyse (Sigmund Freud, 1856–1939) und zu vergleichbaren heutigen Lebenskonflikten. Die anhaltende Bedeutung zeigt sich auch in den von dem Epos ausgehenden Ausstrahlungen und Anregungen auf Dritte, d.h. u.a. in den vielen Nach- und Konkurrenzdichtungen. Die früheste Nachdichtung auf Aserbaidschanisch stammt wahrscheinlich von dem aserbaidschanischen Dichter Hagigi (alias Dschahan

Schah) aus dem Jahr 1412.[1] Übersetzungen in europäische Sprachen erfolgten ab 1798 und erfolgen immer noch. Der Markt dafür besteht noch heute. Das Epos war eine Auftragsarbeit im Jahre 1188 mit der Patronage seitens Schirwan-Schah Ahsitan I. Wir kennen Vergleichbares von bedeutenden Musikern, Dichtern, Malern und anderen Künstlern durch Fürsten und Protagonisten, durch die Kirche und Stiftungen sowie in Form staatlicher Programme der Kultur-Förderung.

Und es gibt noch eine fortwährende Gemeinsamkeit: So wie jeder tiefere Kunstgenuss setzt auch das volle Verständnis der allegorischen Verse dieses Epos spezifisches Wissen voraus. So ist es „hilfreich", wenn der Leser die damals verwendete astrologische und astronomische Terminologie des Ostens kennt. Denn Nizami beschreibt „große" Persönlichkeiten zumeist mittels ihrer Horoskope in der entsprechenden Terminologie. Besonders deutlich wird es in seinem Epos „Das Alexander-Buch" („Iskandernāme") über den Mazedonier Alexander der Große oder in dem Epos „Chosrau und Schirin". Entschlüsselt hat viele dieser Horoskope Nazila Abdulqasimova.[2]

---

1   Das einzige noch existierende Exemplar dieses aserbaidschanischen Kulturgutes liegt im Britischen Museum London.

2   „Der Neugeborene wird mit seinem Wissen und seinem Mut alle in Erstaunen versetzen, da der Glücksstern im Zeichen des Löwen steht. Er wird uns mit seinen Kenntnissen verblüffen und in den Wissenschaften reüssieren, da die Sonne im Zeichen des Widders steht. Er wird glücklich und zufrieden sein, da Merkur im Zeichen der Zwillinge steht. Sein Mut und seine Zielstrebigkeit werden ihm den Ruhm der Welt einbringen, da Venus im Zeichen des temperamentvollen Schützen steht. Und, schließlich, wird er Kriege gewinnen, da Mars im Zeichen der Waage steht." Siehe Chingiz Qajar, The Zenith of the Islamic Renaissance, Sheikh Nizami Ganjevi, in: The famous sons of Ancient and Medieval Azerbaijan; o. O., o. J. [2005], 94–113. Nazila Abdulqasimova, „Nizami on the Universe" Baku 1991.

Nizami hatte, offenbar aus gutem Hause stammend, Zugang zur Bildung und zu einer Medrese (religiöse Schule/Universität). Er kannte Ptolemäus' Werk: „Almagest" ebenso wie Euklids „Elemente". Er war mit den Methoden und Instrumenten der Astronomie und Astrologie bestens vertraut. Er nutzte das geozentrische Weltbild[1], in dem die Erde im Mittelpunkt steht und von sieben Sphären umgeben ist, die jeweils einen der sieben (bekannten) Planeten beheimaten, die wiederum jeweils mit einem Wochentag und einer Farbe korrespondieren. Es folgen in seinem Werk u.a. noch sieben Seelenzustände und sieben Prinzessinnen. Aus den 28 Mondbahnen sowie den Bewegungen der Sonne und der Planeten durch die Tierkreiszeichen wurde der antike Kalender bestimmt. Und daraus folgerte man, Nizami auch, dass die Geschichte sowie das Schicksal eines Menschen ebenso bestimmt sind und sich in einem Horoskop vorhersagen lassen. Diese Grundüberzeugung scheint Nizami vielfach mit seinen Epen in die Literatur einzubringen.

So kennen wir nur aus dem uns überlieferten Horoskop von Nizami, den Monat und das Jahr seiner Geburt. Wir wissen daher, dass der Dichter in der aserbaidschanischen Stadt Gandscha im August 1141 geboren wurde.[2] Er starb mit 68 Jahren am 12. März 1209 ebenda, sein Mauseleum liegt ganz in der Nähe. Biographische Daten über Nizami, dessen Familienname Ilyās

---

1   Aus den Arbeiten von Tycho Brahe, Johannes Keppler und Nikolaus Kopernikus (1473–1543), Domherr des Fürstbistums Ermland in Preußen entwickelte sich das heliozentrische Weltbild. Verbunden war mit der Ablösung des geozentrischen bekanntlich der Streit zwischen der Lateinischen Kirche (der „katholischen" Kirche) und Galilei Galileo (1564–1642), der deswegen 1632 ins Gefängnis musste. Die Kirche hielt bis 1757 am geozentrischen Weltbild fest.

2   Genannt wurde er Scheich Nizami, oder Niẓāmī-ye Ganǧawī, was Nizami aus Gandscha auf Persisch bedeutet bzw. Nizami Ganjali in der aserbaidschantürkischen Schreibweise.

ist,[1] sind kaum und z. T. nur unvollständig vorhanden. Sein Werk „verrät" uns sein Geburtsjahr und dass seine Mutter eine Kurdin mit adeliger Abstammung und Nachfahre der früheren Hakime (Statthalter) Gandschas war. Entsprechend wissen wir nur wenig über seine Familie.[2] Dieses mag auch daran liegen, dass Nizami sein ganzes Leben in Gandscha verbrachte, ohne am gesellschaftlichen Leben teilzunehmen. Er lebte anfangs in Einsamkeit. Nizami war Schiit in einer orthodox schiitischen Umgebung und lebte wahrscheinlich als Sufi (Mitglied eines mystischen Ordens) mit dem Titel Murschids (bzw. Scheich) auf der Suche nach der Wahrheit der göttlichen Liebe. Dabei sollte er als eine Art Eremit und zugleich als Lehrer mit Schülern leben. Die Einsamkeit mag aber auch daher rühren, dass Nizami früh verwaiste und von seinem Onkel (Chwadscha Umar) mütterlicherseits aufgezogen wurde. Hauptursächlich aber werden seine universelle Wissbegierde, seine vielen Talente sowie seine große Selbstdisziplin gewesen sein.

Nizami wurde zugleich in eine Zeit der politischen und militärischen Unruhen, aber auch der Blüte der Wissenschaften und Künste hineingeboren. Die Entwicklungen in den Wissenschaften ging von dem weitläufigen Arabischen Kalifat aus, zu dessen Teil Aserbaidschan wurde. Die Entwicklungen in der Algebra, Geometrie und Trigonometrie und den Navigationstechniken stärkten massiv die Wirtschaft und die Handels-Beziehungen u.a. via Karawanen sowie Fernhandelsnetzwerken von Afrika bis China, das Handwerk und das Städtewachstum. Die Bevölkerung

---

1 Sein vollständiger Name lautet: Ǧamāl ad-Dīn Abū Muḥammad Ilyās ibn Yūsuf ibn Zakī ibn Muʾayyid.

2 Unter der arabischen Form des Familiennamens sind in mittelalterlichen Quellen viele Angaben zu finden bspw. sein Geburtsort sowie sein Pseudonym, aber auch der Name des Vaters: Yusif, des Großvaters: Muayyid sowie seiner ersten Frau Äfäq und des gemeinsamen Sohnes: Mohammad.

Bagdads wuchs schnell auf 2 Mio. Einwohner im 11. Jahrhundert.[1] Während der Herrschaft der Abbasiden (750–1258) ließen die Kalifen al-Mansur, Harun ar-Raschid und vor allem al-Ma'mūn (Almanon) große Teile der antiken griechischen Literatur aus dem Griechischen oder aus dem Syrischen übersetzen. Sie suchten so viel Wissen über die Kulturen der Antike sowie Indiens und Chinas zu erlangen, wie irgend möglich. Die Bücher, vermutlich rund 400.000, standen in Bagdad in der Bibliothek des „Hauses der Weisheit" und wurden von dem Universalgelehrten und Mathematiker al-Chwarizmi (gest. 850) verwaltet. Wissen war weißes Gold und galt so viel wie gelbes Gold. Die Verbreitung des Wissens vom Zentrum Bagdads bis in den Norden Aserbaidschans war möglich angesichts der größeren Toleranz und der traditionellen turk-nomadischen Demokratie der türkischen Fürstendynastie der Seldschuken (1040–1194), die die Araber im 11. Jh. besiegt und verdrängt hatten. Ungefähr mit Beginn der Herrschaft der Abbasiden wurde die Stadt Gandscha gegründet, deren Einwohnerzahl während der Lebenszeit von Nizami auf rd. 500.000 stieg und deren Ziel es war, Bagdad nachzueifern bis hin zu Universitäten, Sternwarten und einer großen Bibliothek[2] namens „Dar al kutub", die von Abulfazl al-Nakhchivani geleitet

---

1   Demgegenüber hatte bspw. Paris um 1200 rd. 50.000 Einwohner.
2   Im Kalifat des 9. Jh. blühten die Wissenschaften auf und die Statthalter (Hakime) umgaben sich mit Dichtern und Gelehrten und sie bauten Bibliotheken, in denen Werke von so bedeutsamen Gelehrten, Denkern und Dichtern wie al-Kindī, al-Chwarizmi, al-Fārābī, Ibn Sina (Avicenna), al-Bīrūnī, Al-Kashkari, Bahmanyar u.a.m. standen.

wurde.[1] Gandscha florierte.[2] Nizami nannte es „mein Babylon"
und nutzte alle Bildungseinrichtungen. Er verfügte offenbar
über ein außerordentliches enzyklopädisches Wissen und sprach
Aserbaidschan-Türkisch, Arabisch und natürlich Persisch (Far-
si), die Sprache in der er schrieb. Der sich bildenden eigenen
Dichterschule[3] persischer Dichtung stand er quasi als „König der
Dichter" vor.

Sein erstes Epos „Schatzkammer der Geheimnisse", schrieb
Nizami, der bereits als talentierter Autor und Verfasser grandioser
lyrischer Verse bekannt war, bevor er 30 Jahre alt war. Es ist eine
Sammlung kurzer, moralisierender beispielhafter Geschichten,
die Fragen von Verhaltensnormen und Sitten behandeln. Die
Geschichten beeindrucken durch die Tiefe der philosophischen
Besinnung und strahlen seine Religiosität und seinen Sufi-
Mystizismus aus. Gewidmet war es Fahrettin Bahram Schah,[4] der
von 1165 bis 1225 in Erzincan (Kleinasien) herrschte. Dieses Epos

---

1   In Aserbaidschan gab es damals eine ganze Reihe herausragender, Arabisch spre-
    chender Wissenschaftler und Gelehrter, unter ihnen Größen wie die Philoso-
    phen Bahmanyar (gestorben 1066), Abu Bakr Ahmed Bardiji (gestorben 914),
    Abu Said Ahmed Bardayi (gestorben 929), Eynalguzat Miyanaji (1099–1131) und
    die Dichter Musa Shahavat (7.–8. Jh.), Ismail ibn Yassar (7.–8. Jh.), Abul-Abbas
    al-Ama (gestorben 718), Mansur Tabrizi und andere.

2   Positiv verliefen damals auch einige Entwicklung in „Germanien". So erhielten
    bspw. Lübeck 1188 sowie Nürnberg 1200 das Stadtrecht und Hamburg den Ha-
    fenfreibrief durch Kaiser Friedrich Barbarossa.

3   Vertreter dieser neuen Schule sind u.a. Quatran Tabrizi, Chaghani (Schirvani),
    Mahsati, Abul-Ala von Gandscha, Izza ad-Din Schirvani, Feleki Schirvani, und
    Mujir ad-Din Baylakani. Sie hinterließen tiefgründige philosophische Werke vol-
    ler wissenschaftlicher Hinweise und komplexer Terminologie, voll von Mytho-
    logie und Allegorien. Eine Fundgrube für die moderne Forschung.

4   Einem Historiker der Seldschuken zufolge habe Bahram nach Erhalt des Werks
    verkündet: „Ich würde meine gesamte Schatzkammer als Geschenk geben für
    dieses Buch, das meinen Namen in Versen wie Perlen verewigt hat. Die Welt wird
    meinen Namen bis in alle Ewigkeit erinnern."

wird später mit vier weiteren berühmten Epen zu „Fünf Schätze" („Chamsa" bzw. „Quintupel") zusammengefaßt.

Nizami erregte also schon früh große Aufmerksamkeit und Bewunderung. Als Ausdruck seiner Anerkennung und seines Danks sandte Dara Muzaffar ad-Din, der Herrscher von Derbent, das sanftmütige Kiptschaken-Mädchen Āfāq als Geschenk, eine Sklavin mit einem unbändigen Naturell. Sie war scheinbar die ideale Frau für Nizami und wurde 1173 oder 1174 seine Ehefrau. Nach Ansicht vieler Forscher brachte sie die entscheidende Inspiration in sein Schaffen. Noch im selben Jahr wurde der Sohn Mohammad geboren. Nizami war für rund sechs Jahre glücklicher als je zuvor, was auch Einfluss auf seine philosophischen Überlegungen hatte. Seine Frau starb aber schon im Jahre 1180.

Im selben Jahr erhielt Nizami von Sultan Toghril III (1177–1194) den Auftrag, ein Werk über die Liebe zu schreiben. Weniger die versprochene Entlohnung, als vielmehr die Gelegenheit, das Andenken an seine geliebte Frau Āfāq auf Jahrhunderte zu bewahren, bewogen ihn zur Annahme des Auftrages. In diesem ersten romantischen Epos, das Nizami schrieb, überliefert er uns sein eigenes Horoskop (s.o.). Das Toghril III gewidmete Epos konzipierte er vor der allseits bekannten tragischen Liebe des sassanidischen Prinzen, dem späteren Schah Chosrau II zu der kaukasisch-albanischen Prinzessin Schirin. Er beschreibt kunstvoll ihre Gefühle sowie Handlungen und gibt ihnen durch ihre nachvollziehbare Charakterisierung eine erstaunliche individuelle psychologische Tiefe. Allerdings ist es nicht überraschend, sucht doch der Orient die wahre Bestimmung eines Menschen stets auf seinem Weg in sein Inneres. Zur Vertiefung der Auseinandersetzung mit der Liebe führt Nizami einen makellos reinen jungen Baumeister und Architekten namens Farhad ein, der für Schirins Liebe bereit ist, jedes Opfer zu bringen.

Nizami zeigt hier erstmalig in der Literaturgeschichte des Nahen und Mittleren Osten mit großem Erfolg die Individualität in all ihrem Reichtum, mit all ihren Widersprüchen sowie Höhen und Tiefen auf.

„Chosrau und Schirin" wird vielfach zu den größten Meisterwerken Nizamis und auch der Welt-Literatur gezählt. Des Themas haben sich danach viele herausragende Dichter angenommen wie bspw. der Uigure Mir Ali Schir Nawā'i sowie der indische Dichter Amīr Chusrau Dehlavī.

Nizami hatte kurz nach Āfāqs Tod ein zweites Mal geheiratet. Und erneut traf ihn das Schicksal hart. Seine zweite Frau starb bereits im Jahre 1188. Im selben Jahr bekam Nizami den Auftrag für ein neues Epos. Schirwan-Schah Ahsitan I, wünschte ein Epos auf der Basis der arabischen Legende von dem glücklosen Liebespaar Leila und Madschnun. Nizami wollte den Auftrag ablehnen. Er hielt es inhaltlich für bereits abgedroschen und trocken wie Wüstensand. Dann reicherte er den Stoff mit vielen philosophischen Überlegungen und Aspekten zur Entwicklung einer wahnhaften Liebe der zu jungen erwachsenen Heranreifenden an und schrieb es innerhalb eines Jahres. (s.o.)

In beiden romantischen Epen („Chosrau und Schirin" sowie „Leila und Madschnun") sind viele Lieder und Mugham-Stücke enthalten. Berühmte Sänger und Musiker wie Barbed und Makis tragen alleine in „Chosrau und Schirin" 30 Gesang- und 8 Mughamstücke vor.[1] Deutlich wird die enge Verbindung zwischen traditioneller Dichtkunst und Musik in Aserbaidschan. Verfasste Verse über die Liebe zu einer Frau oder die für Gott wurden auch in traditionellen Mughams verwendet.

---

[1] Die Titel der Gesangsstücke lauten u.a. „Vom Wind geschenkt", „Perlenvorhang", „Süßliches Getränk", „Rache für Siyavushünd „Schirins Garten", die Mughams heißen „Rast", „Iraker", „Novruzi", „Isfahaner", „Ushshagh", „Rahavi", „Zirefkandünd „Khisari."

Hier scheint kurz eine interessante Art von Zeitgenossenschaft auf. Der wohl bedeutendste Lyriker des deutschen Mittelalters, Walther von der Vogelweide lebte von 1170 bis 1230 und damit fast zeitgleich mit Nizami. Ab ca. 1150 gab es die gesungene Liebeslyrik in ritualisierter Form zuerst auf Mittelhochdeutsch und bald auf Hochdeutsch. Es war der sog. Minnesang ("Liebesgesang") der höfischen Minnesänger. Er diente auch der Vereinheitlichung der deutschen Literatursprache und war die Folge u.a. eines neuen Frauenbildes sowie einer neuen Auffassung von der (christlichen) Liebe. Christliches und muslimisches Gedankengut strömte zeitgleich u.a. von Byzanz und aus dem Nahen Osten kommend nach Norden durch Aserbaidschan nach Georgien und Armenien. Das Frauenbild und die (göttliche) Liebe waren auch Themen im stärker muslimisch geprägten Aserbaidschan, auch hier bildete sich eine neue, verfeinerte Dichter-Sprache – es waren zentrale Pfeiler in den Epen Nizamis.

So wie in den Epen viele Lieder und Mugham-Stücke enthalten sind, so sind sie auch eine Fundgrube bezüglich der verwendeten Musikinstrumente[1] und der bereits verwendeten Begriffe wie Melodie, Stimmung, Rhythmus, Harmonie, Modulation und Achtelnote.

Der Charakter seiner Werke als eine Art Enzyklopädie der aserbaidschanischen Volkskunde wird verstärkt durch die Darstellungen der Terminologie von Spielen (wie Schach und Backgammon) sowie seine Wahrnehmung von Gemälden. Er schätzte besonders

---

[1] Er nennt nicht nur (die auch heute noch gespielten) Instrumente, wie Saz, Ud, Berbet, Setar, Tschang, Kanun, Mushkar, Organum, Kamantsche, Rubab, Tanbur, Karna, Santur, Qus, Davul, Daf, Naqqara und Zandan, sondern auch ihre Form, die Anzahl der Saiten, wie man sie spielt und ihren Klang.

die Malkunst aus Rum[1] und China. An diesen interessierte ihn besonders der Realismus der Darstellung. Heutige Forscher suchen primär die ikonische Symbolik in diesen Kunstwerken. Besonders bedeutsam sind seine Erklärungen zur bildenden Kunst wie u.a. Bildhauerei und Wandmalerei sowie zur Kalligraphie und zu den bedeutenden Künstlern und Bildhauern.

Bei dieser Breite und Tiefe, auch in den Verhaltensweisen usw., kann man feststellen, dass Nizami fast schon in unseren heutigen humanistischen Vorstellungen dachte und dass seine Literatur die Kreativität in vielen Bereichen, insbesondere in der feinen und dekorativen, aber auch gestalterischen Kunst, beeinflusst hat. Es gibt in vielen Museen der Welt Kunstgewerbliches, Miniaturen sowie Motive aus seinen Epen, insb. aus Chamsa[2] als verzierende Bebilderung auf Teppichen, Wandmalereien, Büchern, Waffen und Haushaltsgeschirr. Und die Motive und Stoffe seiner Literatur inspirieren (insbesondere im „Osten") auch heute u.a. Dichter, Komponisten, Dramatiker und Designer. Die humanistischen Ideen wie Gerechtigkeit und eine gerechte Gesellschaftsordnung, Angemessenheit, Barmherzigkeit und Großzügigkeit sowie die ästhetischen Abbildungen, Bilder (Images) Nizamis im Vergleich zu heute sind Gegenstand einer gegenwärtigen Ausstellung in Moskau (März, April 2021) und werden es auch in der großen

---

1   Es geht um das Sultanat der Rum-Seldschuken, das so genannt wurde, da es sich auf byzantinischem (rhomäischem) Boden (arab. ar-Rūm) im heutigen Anatolien befand.

2   Niedergeschrieben wurde es 1543 speziell für Schah Tahmasp I (1514–1576) in Täbris von berühmten aserbaidschanischen Vertretern der Kalligraphie wie Schah Mahmud Al Nishapuri, Agha Mirak, Mir Nusawir und Muzaffar Ali. Das Buch liegt nicht in Baku, sondern im Britischen Museum, London. Das 1230 in Baku wahrscheinlich direkt von Nizamis Handschrift durch den Kalligraphen Fazlullah ibn Mohammed ibn Omar kopierte Exemplar der „Schatzkammer der Geheimnisse" befindet sich in der Bibliothek des India Office /London (und nicht als nationales Kulturgut in Baku).

Ausstellung im Heydar-Alijev-Zentrum, Baku im Sommer 2021 sein.

Aber Nizami ist nicht nur ein philosophischer Schöngeist, sondern auch ein politischer Dichter. Sein viertes Epos „Sieben Schönheiten" bzw. die „Sieben Bildnisse" beendet er am 31. Juli 1196 um Mitternacht. Sein Auftraggeber war der Herrscher von Maragha, ʿAlāʾ-al-Dīn Körpe-Arslān bin Aq-Sonqor (1174–1207) aus der Dynastie der Ahmadiliden, mit den beiden Söhnen Nasr ad-Din Mohammad Schah und Ahmad Schah.

Nizami beschreibt die unterhaltsamen Abenteurer des lebensfrohen Sassanidenkönigs Bahrām Gur (Bahrām V.), der u.a. den Sinti und Roma bei der Flucht aus Indien geholfen haben soll sowie seine Überlegungen zu der zeitlosen Frage nach dem gerechten Herrscher. Dabei stellt Nizami die Lebensgeschichte des Sassanidenherrschers in fantastischen, heiteren und lehrreichen Geschichten über sieben Schönheiten, die zu Frauen des Schahs werden bzw. seine sieben Seelenzustände sind, dar. Zugleich werden sieben Menschen aus Gefangenschaft errettet. Nizamis Intention scheint hier die Erziehung eines Herrschers sowie der Menschen sein zu können, d.h. mittels „didaktischer" Geschichten als Lehrer zu wirken. Dazu gehört auch, dass Nizami in authentischer Weise auch das Alltagsleben im Land erzählt, das vom tyrannischen Wesir brutal auch mit Folter, Mord und Massakern regiert wird. Ein gerechter Herrscher lässt ihn hinrichten.

Noch im Jahre 1196 beginnt er das Alexander-Buch („Iskandernāme"), sein längstes und umfassendes Buch. Der erste Teil, das „Buch des Ruhmes" („Sharaf-nāme") beschreibt Leben, Kriege, Eroberungen und Heldentaten von Alexander dem Großen. Wenn man das erste vom zweiten Buch abheben will, dann zeigt er Alexander, fast in okzidentaler Orientierung und Fokussierung auf das Äußere, im Vertrauen auf die Ratio in seinem Umfeld bzw. der Realität. Der zweite Teil, das „Buch des Glücks"

(„Ikbal-nāme") beschreibt, jetzt fast in orientalischer Suche nach der Bestimmung des Menschen im Inneren, die Wandlung Alexanders vom Eroberer und König zu einem Philosophen und (islamischen) Propheten.

Nizami lässt Alexander den Großen in einem Kreis antiker Gelehrter diskutieren, darunter Arastun (Aristoteles), Aflatun (Platon), Sokrates, Bulunus Ruminian (Apollonios von Tyrana) Valis (Fales), Forforius (Parfiri von Tir)) und Hormus (Hermes Trismegistos), der angebliche Begründer der Alchemie, Zauberei und anderer magischer Wissenschaften. Mit diesem Kunstgriff eines fiktionalen wissenschaftlichen Disputs behandelt Nizami die Frage nach dem Ursprung des Universums bzw. der Schöpfung.

Und Nizami lässt Alexander zahlreiche Länder erkunden, bis er schlussendlich ein Land im Nordosten findet, das vollkommen zu sein scheint. Die Obrigkeit ist gerecht, es gibt weder Unterdrücker noch Unterdrückte, kein Arm und kein Reich sowie weder Diebstahl noch Betrügereien. Die Menschen werden nicht krank und sterben erst im hohen Alter. Ein weltliches Paradies als Prophezeiung oder ein andauernder Menschheitstraum?

Im Jahr 1200 stirbt Nizamis dritte Ehefrau. Er selbst geht bereits auf die „70" zu. Viele seiner Freunde und Mitstreiter sind bereits tot. Die Einsamkeit und das Gefühl des nahenden Endes lassen ihn melancholisch werden. Am Ende von Iskandernāme bittet er seine Leser, ihn im Gedächtnis zu behalten, u.a. damit sie seine Ratschläge befolgen und ein gutes Leben haben werden.

Nizami hat insgesamt ca. 20.–28.000 lyrische Gedichte, Verse und Oden in Form zweizeiliger Strophen (Distichen) geschrieben. Sie sind in seinem Werk „Diwan" zusammengefasst. Uns sind nur ca. 100 Verse bekannt, allerdings ohne Kenntnis der

Damen, an die sie gerichtet waren.[1] Auch Hölderlin, Schiller und Goethe haben Distichen verfasst.[2] Dabei nimmt Goethe (1749–1832) nach der Lektüre u.a. von Arbeiten des persischen Dichters Hafez (1315–1390), der alle Epen von Nizami kennt, bzw. der nach Entdeckung derartiger Literatur aus dem Orient (Weltliteratur gemäß seiner Wortschöpfung) in seinem Spätwerk „West-Östlicher Diwan" (1819 bzw. 1827) eine neue Sicht und Perspektive ein und schafft einen Mix aus Orient und Okzident.[3] Er sieht keinen Gegensatz, sondern die Chance eines fruchtbaren künstlerischen Wettbewerbs, denn Okzident und Orient gehören zusammen, so wie für viele Deutsche u.a. auch bei Lessing. Denn das ist Weltliteratur. Es ist der größte Gegensatz u.a. zu Rudyard Kipling (1885–1936) und den Kolonialpolitikern in europäischen Ländern, für die Orient und Okzident bzw. Ost und West unüberbrückbar nie zusammenkommen werden, weil sie auf der Ebene dominanter Macht- und Geopolitik sowie kultureller Überlegenheit argumentieren. Es kann aber auch kein derartiger Gegensatz bestehen, da Teile der Identität eines jeden Volkes in Europa orientalisch-asiatischen Quellen entsprungen sind.

Nizami und Goethe, ersterer nur sehr viel früher, waren beide bis zu ihrem Lebensende als große Individuen gleich neugierig und wissensorientiert sowohl in den Natur- als auch den Geisteswissenschaften. Beide suchten stets tiefere, „göttliche" Erkenntnis oder

---

1   Unbekannt ist auch, welche Frau im Grab neben Nizami ruht oder gar zugleich mit ihm beerdigt wurde.

2   Die bekanntesten Verspaare sind „Brot und Wein" (Hölderlin), „Der Spaziergang" (Schiller), „Die Xenien" (Goethe und Schiller) sowie „römische Elegien" (Goethe).

3   Vgl. das Hafez-Goethe-Monument der zwei gegenüberstehenden Stühle in Weimar.

ausgedrückt mit dem letzten Wunsch bzw. den letzten zwei Worten Goethes „mehr Licht".[1]

Nizami ist mit seinem Werk ein nationales Kulturgut Aserbaidschans und zugleich ein supranationales der Welt. Damit es weiter zwischen uns lebt und wirkt, genügt es nicht, dass Fachwisssenschaftler es zunächst lesen und erforschen, um ihre Ergebnisse dann zu repräsentieren. Es muss von einem breiteren Publikum/Kreis gelesen und verstanden werden. Die Voraussetzung dafür schaffen das Elternhaus und der Kultur- und Literaturunterricht in den Schulen sowie Seminare an Universitäten, allerdings nicht in Form von Diskursen mit Injektionen von Ideologie sowie Weltanschauung, sondern in Form von fachfähigen sowie begeisterten und begeisternden Lehrkräften und Professoren.

2021

---

[1] Vgl. das Gedicht von Frances E.W. Harper, übertragen von Stephan Hermlin: Mehr Licht!

ANHANG

Autoren- und Schriftenverzeichnis

18.–19. Jahrhundert

Bartholom D'Herbelot (1625 –1695) – französischer Orientalist

- *Nazami*. In: Orientalische Bibliothek oder Universalwörterbuch, welches alles enthält, was zur Kenntniß des Orients nothwendig ist, [Übers.: Johann Christoph Friedrich Schulz], Bd. 3, Johann Jacob Gebauer, Halle 1789, S. 639.

Christoph Martin Wieland (1733–1813) – deutscher Dichter, Übersetzer und Herausgeber der Zeitschriften „Der Teutsche Merkur" und „Der Neue Teutsche Merkur"

- *Blumen asiatischer Dichtkunst*. In: Der Neue Teutsche Merkur vom Jahre 1796. Herausgegeben von C. M. Wieland. Bd. 3, Weimar 1796, S. 11–12.

Joseph von Hammer-Purgstall (1774–1856) – österreichischer Orientalist, Literaturwissenschaftler und Übersetzer

- *Die Trennung.* In: Der Neue teutsche Merkur vom Jahre 1798, herausgegeben von C. M. Wieland, Bd. 1, Weimar 1798, S. 201–205.

- *Nisami aus Gendsch; Sieh nicht beständig fremde Fehler.* In: Geschichte der schönen Redekünste Persiens, mit einer Blüthenlese aus zweyhundert persischen Dichtern. Heubner und Volke Verlag, Wien 1818, S. 105, 108.

- *Geschichte der Ilchane, das ist der Mongolen in Persien von Hammer-Purgstall. Mit neun Belagen und neun Stammtafeln.* Bd. 1, 5. Buch, Anm. 4, Druck und Verlag von Carl Wilhelm Leske, Darmstadt 1842, S. 362.

Johann Wolfgang von Goethe (1749–1832) – deutscher Dichter, Naturwissenschaftler, Kunsttheoretiker und Staatsmann

- *Lesebuch; Nisami; Uebersetzungen.* In: Erstausgabe: West-oestlicher Divan von Goethe. In der Cottaischen Buchhandlung, Stuttgard 1819, S. 50, 308–309, 530–531.

Heinrich Heine (1797–1856) – deutscher Dichter und Schriftsteller

- *Brief an Moses Moser (Hannover, 21.01.1824)* – Autograph: Bibliothèque nationale de France, Paris; In: Heinrich Heine. Säkularausgabe: Werke, Briefwechsel, Lebenszeugnisse, Briefe 1815–1831, Bd. 20, Brief Nr. 91, Akademie-Verlag/Editions du CNRS, Berlin/Paris 1970, S. 137.

**Friedrich Rückert (1788–1866) – deutscher Dichter,
Übersetzer und Orientalist**

- *Die Aussteuer der Kauzentochter.* In: Sieben Bücher mor-
  genländischer Sagen und Geschichten von Friedrich Rückert, fünftes bis siebentes Buch, Liesching Verlag, Stuttgart
  1837, S. 186–187.

- *Die Rätsel der Turandot in symbolischer Fassung. Aus Friedrich Rückerts Nachlaß zur Feier der Denkmals-Enthüllung
  mitgeteilt von Edmund Bayer.* In: Das Magazin für die Litteratur des In- und Auslandes, Bd. 59, Berlin 1890, Nr. 45,
  S. 700–701.

**August von Platen (1796–1835) – deutscher Dichter und
Dramaturg**

- *Eingang von Iskander-Nameh. Aus dem Persischen des Nisami.* In: Gesammelte Werke des Grafen August von Platen. In Einem Band. Mit des Verfassers Bildniß in Stahl und
  einem Facsimile seiner Handschrift, J. G. Cotta'scher Verlag, Stuttgart und Tübingen 1839, S. 156.

Franz von Erdmann (1795–1862) – russischer Orientalist

- *Erzählung von der Tochter des russischen Herrschers.*
  In: Behram-Gur und die russische Fuerstentochter. Mu-
  hammed Niszamiu-d-din, dem Gendscher nachgebildet
  und durch kritisch-philologische Anmerkungen erlautert
  von Franz von Erdmann, 2. Aufl., Kasan/Berlin 1844,
  S. 35–71.

Georg Friedrich Daumer (1800–1875) – deutscher Religionsphilosoph und Lyriker

- *Die Erzählung vom Herrn Jesus.* In: Heimann Jolowicz: Der poetische Orient, Otto Wiegand Verlag, Leipzig 1853, S. 503.

Wilhelm Bacher (1850–1913) – ungarischer Orientalist, Sprachforscher, Literaturkritiker und Lexikograph

- *Niẓâmî's Leben und Werke und der zweite Theil des Niẓâmîschen Alexanderbuches. Mit persischen Texten als Anhang.* W. Engelmann Verlag, Leipzig 1871, S. 55, 56–58.

- *Sprüche.* In: Julius Hart: Divan der persischen Poesie, Otto Hendel Verlag, Halle a. d. Saale 1887, S. 83–84.

Anton Edmund Wollheim da Fonseca (1810–1884) – deutscher Schriftsteller, Sprach- und Literaturwissenschaftler

- *Nisami: Heft-peikar.* In: Die National-Literatur sämtlicher Völker des Orients. Eine prosaische und poetische Anthologie aus den besten Schriftstellern des gesamten Orients mit erläuternden, kritischen, literarischen und bibliographischen Notizen. Herausgegeben von Dr. A. E. Wollheim, Chevalier da Fonseca. Zweiter Band, Verlag von Gustav Hempel, Berlin 1873, S. 161–163.

Hermann Ethé (1844–1917) – deutscher Orientalist und Philologe

- *Die höfische und romantische Poesie der Perser.* In: Sammlung gemeinverständlicher wissenschaftlicher Vorträge. Heft 7, Hamburg 1887, S. 40–41.

Julius Hart (1859–1930) – deutscher Dichter und Literaturkritiker

- Einleitung zu: *Geist und Entwickelung der neupersischen Poesie.* In: Divan der persischen Poesie. Blütenlese aus der persischen Poesie, mit einer litterarhistorischen Einleitung, biographischen Notizen und erläuternden Anmerkungen. Herausgegeben von Julius Hart. Otto Hendel Verlag, Halle a. d. S. 1887, S. IV.

Theodor Nöldeke (1836–1930) – deutscher Orientalist, Semitist und Philologe

- *Beiträge zur Geschichte des Alexanderromans.* In: Denkschriften der Kaiserlichen Akademie der Wissenschaften. Philosophisch-Historische Classe. Bd. 38, Wien 1890, S. 52–53.

Ottokar Freiherr von Schlechta-Wssehrd (1825–1894) – österreichischer Orientalist

- *Nisami: Herr Jesus und der Hund; Solamen miseris (Die Alexandersage).* In: Moral-Philosophie des Morgenlandes aus persischen Dichtern erläutert von O. Freiherrn v. Schlechta-Wssehrd, H. Haessel Verlag, Leipzig 1892, S. 20, 156–158.

Johannes Scherr (1817–1886) – deutscher Kulturhistoriker und Schriftsteller

- *Illustrierte Geschichte der Weltlitteratur*. 10. Aufl., Bd. I, Stuttgart 1899, S. 92–93.

20. Jahrhundert

Richard Dehmel (1863–1920) – deutscher Dichter und Schriftsteller

- *Vorwort/Der tote Hund (nach Nizami)*. In: Weib und Welt: Gedichte und Märchen von Richard Dehmel, 2 Aufl., Verlag von Schuster und Loeffler, Berlin/Leipzig 1901, S. 2–3.

Paul Horn (1863–1908) – deutscher Iranist und Philologe

- *Geschichte der persischen Litteratur*. C. F. Amelangs Verlag, Leipzig 1901, S. 188.

Hellmut Ritter (1892–1971) – deutscher Orientalist

- *Über die Bildersprache Niẓâmîs*. Walter de Gruyter & Co. Verlag, Berlin/Leipzig 1927, S. 61, 72–73.

- Einleitung zu: *Heft Peiker. Ein romantisches Epos des Niẓâmī Genǧe'ī. Herausgegeben von H. Ritter und J. Rypka*. In: Monografie Archivu Orientálnihó. Bd. III, Praha/Leipzig 1934, S. II–III.

Georg Jacob (1862–1937) – deutscher Islamwissenschaftler und Orientalist

- Vorwort zu: *Iskenders Warägerfeldzug. Ein iranischer Heldensang des Mittelalters aus Niẓâmî's Iskendernâme, im Auszug metrisch nachgebildet von Georg Jacob.* Verlegt bei J. J. Augustin in Glückstadt, 1934, S. 6.

Rudolf Gelpke (1928–1972) – schweizerischer Islamwissenschaftler und Schriftsteller

- *Persisches Schatzkästlein. Geschichten des Orients, dem Quellen nacherzählt und illustriert mit acht bisher unveröffentlichten Miniaturen.* Gute Schriften, Basel 1957, S. 7.

- *Ewiges Morgenland. Nachdichtungen orientalischer Poesie und Prosa aus arabischen und persischen Originaltexten.* Benno Schwabe & Co. Verlag, Basel/Stuttgart 1958, S. 140.

- *Nizami. Die sieben Geschichten der sieben Prinzessinnen. Aus dem Persischen verdeutscht und herausgegeben von Rudolf Gelpke.* Manesse Verlag, Zürich 1959, S. 293.

- *Nizami: Leila und Madschnun. Erstmals aus dem Persischen verdeutscht und mit einem Nachwort versehen von Rudolf Gelpke.* Erstausgabe: Zürich 1963; 7. Aufl., Manesse Verlag, Zürich 1996, S. 278, 311, 315–316, 322–324.

Jan Rypka (1886–1968) – tschechischer Orientalist und Philologe

- *Die Schule von Aserbaidshan; Der Epiker Niẓāmī.* In: Iranische Literaturgeschichte. Harrassowitz Verlag, Leipzig 1959, S. 193–194, 201.

- *Das Sprichwort in Niẓāmīs Lajlī va Maǧnūn.* In: Monographien des Archiv Orientální, Bd. 37, Praha 1969, S. 320–323.

ANHANG

Annemarie Schimmel (1922–2003) – deutsche Islamwissenschaftlerin

- *Andere Übersetzungen aus dem Persischen.* In: Orientalische Dichtung in der Übersetzung Friedrich Rückerts. Sammlung Dieterich, Carl Schünemann Verlag, Bremen 1963, S. 171.

- *Gebet der Schirin.* In: Nimm eine Rose und nenne sie Lieder. Poesie der islamischen Völker, Diederichs Verlag, Köln 1987, S. 293–295.

Martin Remané (1901–1995) – deutscher Übersetzer, Lyriker und Schriftsteller

- *Nisâmî. Farhâd und Schîrîn.* In: Lob der Geliebten. Klassische persische Dichtungen. Herausgegeben und aus dem Persischen übersetzt von Werner Sundermann. Nachgedichtet von Martin Remané. Rütten & Loening Verlag, Erstausgabe: Berlin/Ost 1968; 2. Aufl. 1983, S. 83–85.

Johann Christoph Bürgel (*1931) – deutscher Islamwissenschaftler, Nisami-Forscher und Übersetzer

- *Nizami über Sprache und Dichtung. Ein Abschnitt aus der „Schatzkammer der Geheimnisse". Eingeleitet, übertragen und erläutert von J. Ch. Bürgel.* In: Richard Gramlich: Islamwissenschaftliche Abhandlungen. Fritz Meier zum sechzigsten Geburtstag. Franz Steiner Verlag, Wiesbaden 1974, S. 9.

- *Aus Chosrou und Schirin.* In: Nizami: Chosrou und Schirin. Aus dem Persischen übersetzt und mit einem Nachwort von Johann Christoph Bürgel, Erstausgabe:

Manesse Verlag, Zürich 1980; Revidierte Neuauflage, München 2009, S. 20, 41, 61, 168, 169–170, 171–172, 197, 198, 202, 276–277, 318, 326, 331.

- *Der Wettstreit zwischen Plato und Aristoteles im Alexander-Epos des persischen Dichters Nizami.* In: Die Welt des Orients. Wissenschaftliche Beiträge zur Kunde des Morgenlandes XVII, 1986, S. 95.

- Nachwort zu: *Nizami: Die Abenteuer des Königs Bahram und seiner sieben Prinzessinnen. Aus dem Persischen übertragen und herausgegeben von J. C. Bürgel.* C. H. Beck Verlag, München 1997, S. 373–380, 397.

- *Die sieben Gestalten.* In: Detlef Felken; Wolfgang Beck: Ein Buch, das mein Leben verändert hat. C. H. Beck Verlag, München 2007, S. 76–79.

Friedrich Ohly (1914–1996) – deutscher Germanist

- *Deus Geometra. Skizzen zur Geschichte einer Vorstellung von Gott.* In: Norbert Kamp; Joachim Wollasch: Tradition als historische Kraft. Interdisziplinäre Forschungen zur Geschichte des früheren Mittelalters. Walter de Gruyter Verlag, Berlin/New York 1982, S. 6.

Esmail Mietag (1958–2013) – deutsch-iranischer Übersetzer

- *Unser Dichter Ilias Nizami (Gen.tschai.li): Ausgewählte, 4-sprachig übersetzte Gedichte aus Aseriwerk.* Ute Mietag Verlag, Berlin 1998, S. 44–141.

Karl Richter (*1936) – deutscher Philologe und Literaturwissenschaftler

- Kommentar zu: *Nisami*. In: J. W. Goethe. Sämtliche Werke nach Epochen seines Schaffens in 33 Bänden. West-östlicher Divan. Bd. 11.1.2, Carl Hanser Verlag, München 1998, S. 773.

21. Jahrhundert

Rosemarie Kuper (*1942) – deutsche Übersetzerin und Erzählerin

- *Aus dem Diwan des Nizami. Freie Übersetzung von Rosemarie Kuper*. In: Sewil Fuchs: Nisami in Versen und Prosa. tredition-Verlag, Hamburg 2021, S. 53–54.

- *Monolog der Fitne: Sieg der Liebe im Kampf um Gleichberechtigung*. In: Sewil Fuchs: Nisami in Versen und Prosa. tredition-Verlag, Hamburg 2021, S. 55–58.

Renate Würsch (*1956) – schweizerische Islamwissenschaftlerin

- *Die alte Frau und Sultan Sanğar*. In: Niẓāmīs Schatzkammer der Geheimnisse. Eine Untersuchung zu Maḫzan ul-asrār, Reichert Verlag, Wiesbaden 2005, S. 292–294.

Jan Weinert (*1963) – deutscher Lyriker

- *Nisami Gencevi: Gedichte*. In: Falter & Flamme. Ein Jahrtausend aserbaidschanische Liebeslyrik. Matthes & Seitz Verlag, Berlin 2008, S. 19, 21, 31.

Reinhart Moritzen (*1948) – deutscher Dichter, Essayist und Dramatiker

- *Die Geschichte von Fitnä und ihrem Schah Bahram. Poetische Bearbeitung von Reinhart Moritzen nach einer philologischen Übersetzung von Sewil Fuchs.* In: Sewil Fuchs: Nisami in Versen und Prosa. tredition-Verlag, Hamburg 2021, S. 64–73.

- *Aus dem Diwan des Nisami. Poetische Bearbeitung von Reinhart Moritzen nach einer philologischen Übersetzung von Sewil Fuchs.* In: Sewil Fuchs: Nisami in Versen und Prosa. tredition-Verlag, Hamburg 2021, S. 73–77.

Michael Heinemann (*1959) – deutscher Musikwissenschaftler

- *Diesseits der Liebe. Zur Funktion der Musik in den Dichtungen von Nizami.* In: Sewil Fuchs: Nisami in Versen und Prosa. tredition-Verlag, Hamburg 2021, S. 113–120.

Horst Lohse (*1943) – deutscher Komponist

- *Tanz als Traum-Vision. Mein Ballett „Mahan" auf den Spuren von Nizami.* In: Sewil Fuchs: Nisami in Versen und Prosa. tredition-Verlag, Hamburg 2021, S. 120–126.

Fritz Rainer (*1956) – österreichischer Komponist und Jazz-Musiker

- *Nizamis Poesie als Inspiration und Impuls für eine inszenierte und musikalische Aufführung „Die sieben Schönheiten".* In: Sewil Fuchs: Nisami in Versen und Prosa. tredition-Verlag, Hamburg 2021, S. 126–133.

Wilfried Fuhrmann (*1945) – deutscher Wirtschaftswissenschaftler

- *Nizami Gencevi – lebendig seit 880 Jahren*. In: Sewil Fuchs: Nisami in Versen und Prosa. tredition-Verlag, Hamburg 2021, S. 133–147.

Alphabetisches Autorenverzeichnis

Ebenfalls bei tredition® erschienen:

Nisami-Bibliographie
Die deutschsprachige Nisami-Rezeption
1787–2021
Zusammengestellt und herausgegeben von Sewil Fuchs
Mit 12 Fotos und einer Karte
Hamburg 2021, 116 Seiten

ISBN

Paperback:	978-3-347-42379-4
Hardcover:	978-3-347-42380-0
e-Book:	978-3-347-42381-7

tredition®